André M. Stephany | Frisch ans Wort

**T V Z**

André M. Stephany

# Frisch ans Wort

Den Gottesdienst als
Prädikantin oder Laienprediger leiten
Eine Handreichung

**T V Z**
Theologischer Verlag Zürich

Gedruckt mit freundlicher Unterstützung des Doktoratsprogramms
der Theologischen Fakultäten der Universitäten Basel, Bern und Zürich, dem
Institut für Praktische Theologie der Universität Bern, der Reformierten Landeskirche des Kantons Aargau, der Reformierten Kirchen Bern-Jura-Solothurn,
der Evangelisch-reformierten Kirche des Kantons St. Gallen, der Evangelischreformierten Kirche des Kantons Schaffhausen, der Evangelischen Landeskirche des Kantons Thurgau und der Liturgie- und Gesangbuchkonferenz
(LGBK) der Evangelisch-reformierten Kirchen der deutschsprachigen Schweiz.

Der Theologische Verlag Zürich wird vom Bundesamt für Kultur
für die Jahre 2021–2024 unterstützt.


Bibliografische Informationen der Deutschen Nationalbibliothek
Die Deutsche Nationalbibliothek verzeichnet diese Publikation
in der Deutschen Nationalbibliografie; detaillierte bibliografische Daten
sind im Internet über http://dnb.dnb.de abrufbar.

Umschlaggestaltung
Simone Ackermann, Zürich
Unter Verwendung von Illustrationen von Amer Aiyub

Satz und Layout
Claudia Wild, Konstanz
Illustrationen Innenteil S. 112, 113, 142, 145 und 148: Amer Aiyub

Druck
gapp print, Wangen im Allgäu

ISBN 978-3-290-18633-3 (Print)
ISBN 978-3-290-18634-0 (E-Book: PDF)
© 2024 Theologischer Verlag Zürich
www.tvz-verlag.ch

Alle Rechte, auch die des auszugsweisen Nachdrucks, der fotografischen und
audio-visuellen Wiedergabe, der elektronischen Erfassung sowie der Übersetzung, bleiben vorbehalten.

# Inhalt

Vorwort und Dank des Autors . . . . . . . . . . . . . . . . . . . . . . . 7
Vorwort von David Plüss . . . . . . . . . . . . . . . . . . . . . . . . . . 9

I. Einleitung . . . . . . . . . . . . . . . . . . . . . . . . . . . . . . . . . 13

II. Prädi… was? Lückenbüssende oder Verkündigende auf Augenhöhe? . . . . . . . . . . . . . . . . . . . . . . . . . . . . . 23
1. Historisch . . . . . . . . . . . . . . . . . . . . . . . . . . . . . . . . . . 32
2. Gegenwart in der Schweiz . . . . . . . . . . . . . . . . . . . . . 40

III. Das eine Amt und die vielen Berufungen: Zauberwort Partizipation . . . . . . . . . . . . . . . . . . . . . . . 49
1. Unsicherheiten im Rollenverständnis . . . . . . . . . . . . . 49
2. Die reformierte One-Man/Woman/Person-Show . . . . . 53
3. Die Einheit des ordinierten Amts . . . . . . . . . . . . . . . . 55
4. Clerus Minor, was kann das sein? . . . . . . . . . . . . . . . . 60

IV. Getting Ready: Eine liturgische Handreichung . . . . . 65
1. Praktische Überlegungen zum Gottesdienst . . . . . . . . 65
   1.1 Vorüberlegungen . . . . . . . . . . . . . . . . . . . . . . . . . . . 65
   1.2 Rolle der verkündigenden Person . . . . . . . . . . . . . . . 67
   1.3 Zwischen heiligem Theater und Schulstunde . . . . . . . 68
   1.4 Kirchensprache . . . . . . . . . . . . . . . . . . . . . . . . . . . . 70
   1.5 Die eigene Rolle . . . . . . . . . . . . . . . . . . . . . . . . . . . 71
2. Liturgie . . . . . . . . . . . . . . . . . . . . . . . . . . . . . . . . . . . . 72
   2.1 Bevor es losgeht . . . . . . . . . . . . . . . . . . . . . . . . . . . 76
   2.2 Eröffnung . . . . . . . . . . . . . . . . . . . . . . . . . . . . . . . . 81

| | |
|---|---|
| 2.3 Gebet | 85 |
| 2.4 Eingangsgebet | 91 |
| 2.5 Fürbittengebet | 95 |
| 2.6 Lesung | 97 |
| 2.7 Lieder | 103 |
| 2.8 Bewegen im Gottesdienst | 108 |
| 2.9 Gesten, Zeichen und anderes | 111 |
| 2.10 Segen | 115 |
| 3. Predigt | 119 |
| 3.1 Der Weg zur Predigt | 121 |
| 3.2 Das Halten der Predigt | 126 |
| 4. Sakramente feiern | 129 |
| 4.1 Taufe | 131 |
| 4.2 Abendmahl | 139 |
| **V. Wie werde ich Prädikantin oder Laienprediger?** | 153 |
| **VI. Frisch ans Wort!** | 155 |
| **VII. Quellen und Literatur** | 159 |
| 1. Quellen | 159 |
| 2. Literatur | 161 |
| **VIII. Leseempfehlungen und nützliche Links** | 167 |
| 1. Leseempfehlungen | 167 |
| 1.1 Zur Predigt | 167 |
| 1.2 Material zum Gottesdienst | 167 |
| 2. Nützliche Links | 168 |
| 2.1 Materialien zum Gottesdienst | 168 |
| 2.2 Predigen | 169 |
| 2.3 Laienpredigt in der Schweiz | 169 |

# Vorwort und Dank des Autors

Von dem Moment, wenn ein solches Buch geschrieben ist, bis es tatsächlich gedruckt im Regal stehen kann, tragen viele Personen zur Realisierung bei. Allen, die in dieser wichtigen Phase des Prozesses beteiligt waren, danke ich an dieser Stelle von Herzen.

Meinen Kolleg:innen am Institut für Praktische Theologie an der Uni Bern danke ich für ihr engagiertes Mitdenken und allen voran David Plüss, der mir als Erstleser des Manuskripts viele wertvolle Rückmeldungen gegeben hat.

Dem Theologischen Verlag Zürich danke ich für den Mut, einem Nachwuchswissenschaftler die Chance zu geben, sein Buch zu veröffentlichen. Lisa Briner und Tobias Meihofer danke ich für ihre freundliche und kompetente Unterstützung durch den ganzen Prozess hindurch, für ihre Geduld und ihren Einsatz bei der Gestaltung und Korrekturlektüre. Ebenso gilt ein Dank der Grafikerin Simone Ackermann für die ansprechende Covergestaltung.

Amer Aiyub danke ich für seine Illustrationen.

Für die grosszügige finanzielle Unterstützung, ohne die die Verwirklichung des Projekts nicht möglich gewesen wäre, danke ich herzlich:
- Doktoratsprogramm der Theologischen Fakultäten der Universitäten Basel, Bern und Zürich
- Institut für Praktische Theologie der Universität Bern
- Reformierte Landeskirche des Kantons Aargau
- Reformierte Kirchen Bern-Jura-Solothurn
- Evangelisch-reformierte Kirche des Kantons St. Gallen
- Evangelisch-reformierte Kirche des Kantons Schaffhausen

Vorwort und Dank des Autors

- Evangelische Landeskirche des Kantons Thurgau
- Liturgie- und Gesangbuchkonferenz (LGBK) der Evangelisch-reformierten Kirchen der deutschsprachigen Schweiz

Thun, im Februar 2024, André M. Stephany

# Vorwort von David Plüss

Zwischen Anspruch und Wirklichkeit reformierter Pastoraltheologie klafft ein tiefer Graben. Daran erinnert André Stephany in diesem Band vor dem Hintergrund seiner Beschäftigung mit «Prädikantinnen und Laienpredigern» immer wieder. Er ist nicht der erste. Schon Fulbert Steffensky hat darauf hingewiesen. Er kenne keine klerikaleren Gottesdienste als die reformierten, spottete er. Dabei stellt der Grundsatz des allgemeinen Priestertums seit langem einen gemeinprotestantischen Common Sense dar. Der Gottesdienst wird theologisch als Gemeindefeier deklariert und das Pfarramt als Gemeindeamt mit einer bestimmten Funktion, in scharfer Abgrenzung zum geweihten Priesteramt katholischer und orthodoxer Kirchen. Im reformierten Verständnis gebe es, so wird gesagt, keine «Laien». Alle Glaubenden seien Priester und als solche damit beauftragt, das Evangelium in Wort und Tat zu verkünden. Reformierte hätten weder Geweihte noch «Geistliche».

Wenn dies zutrifft, wie kommt es dann zur Spannung zwischen Anspruch und Wirklichkeit? Oder anders gefragt: Was befördert die Klerikalisierung des Pfarramts? Welches sind die Faktoren einer Dynamik, die zentrale Grundsätze der Reformation unterläuft und auf der einen Seite «Geistliche» und auf der anderen Seite «Laien» hervorbringt? Die Frage ist nicht leicht zu beantworten. Jedenfalls nicht im Rahmen eines knappen Vorworts. Andeutungen und Mutmassungen müssen genügen. Ein wesentlicher Faktor scheint mir im pädagogischen Grundzug der Reformation des 16. Jahrhunderts zu liegen. Diese verstand sich und war wirksam als eine weit ausgreifende Bildungsoffensive. Dies zeigt sich nicht nur in den mit grosser Sorgfalt erstellten Katechismen und der Intensivierung der

Vorwort von David Plüss

Bildung und Unterweisung der Jugend, sondern durchsäuerte auch Pfarramt und Gottesdienst grundlegend. Der Pfarrer war über Nacht nicht mehr geweihter Priester, sondern *Verbi Divini Minister,* Diener am göttlichen Wort. Er war nun zuerst und vor allem theologischer Lehrer. Statt eines farbigen Messgewands mit Stola trägt er im Gottesdienst nun ein profanes Gelehrtengewand, den schwarzen Talar. Er soll Kindern, Jugendlichen und Erwachsenen das Bibelwort in ihrer Landessprache vortragen und es erklären, sodass sie verstehen, was die Texte bedeuten und welche Leitlinien für ihre Lebensführung daraus folgen. Die Predigt rückt ins Zentrum des Gottesdienstes und drängt das Abendmahl an den Rand. Der Gottesdienst wird zur monologisch gestalteten Bibelstunde mit Gebet und Gesang im Rahmenprogramm. Die Gemeinde wird in die strukturelle Passivität gedrängt. Der Monolog von der hohen Kanzel in Form von langen Predigten und Gebeten war – und ist teilweise bis heute! – die dominante «Interaktionsform» reformatorischer Gottesdienste.

Immer wieder gab es in den letzten 500 Jahren Versuche, diesen Widerspruch zwischen Anspruch und Wirklichkeit zu durchbrechen: im Pietismus und in den Erweckungsbewegungen seit dem 18. Jahrhundert, bei Friedrich Schleiermacher und in der älteren liturgischen Bewegung um Julius Smend und Friedrich Spitta. Auch die in diesem Band vorgestellten Prädikant:innen oder Laienprediger:innen tragen, wo ihnen Raum und Anerkennung gegeben wird, Wesentliches dazu bei, die Dynamik der Klerikalisierung des Pfarrberufs zu durchbrechen und die Gemeinde daran zu erinnern, dass sie Trägerin des Gottesdienstes ist und selbst der Dienst der öffentlichen Wortverkündigung nicht in jedem Fall eines akademischen Studiums, einer pastoralen Ausbildung und einer klerikal anmutenden Ordination bedarf. Wohl aber der Beauftragung durch die Gemeinde.

Dass die öffentliche Wortverkündigung nicht nur einer inneren und äusseren Berufung – etwa im Rahmen einer Beauftragungsfeier – bedarf, sondern auch homiletischer und liturgischer Kenntnisse und Kompetenzen, versteht sich von selbst. André Stephany kommt das Verdienst zu, diese in diesem Band in eingängiger Form zu vermitteln. Dabei wird deutlich: Liturgie ist mehr als eine Aneinanderreihung liturgischer Elemente, die durch einen thematischen roten Faden verbunden sind. Liturgie ist ein Weg, der gemeinsame Weg einer Gemeinde, auf dem sie durch die Liturgin begleitet wird. Und Liturgie ist eine Praxis. Oder genauer: ein Ensemble sehr verschiedener Praktiken, die, soll der Gottesdienst als stimmig erlebt werden, mit Bedacht ausgeführt werden müssen. André Stephany gelingt es vorzüglich, für diese Sachverhalte zu sensibilisieren und in die einzelnen Handlungen der Liturgie so einzuführen, dass Liturg:innen sie sich aneignen können. Er tut dies engagiert. Das ist erfrischend und anregend und erlaubt auch, dagegen zu halten und sich mit guten Gründen anders zu entscheiden und zu verhalten.

Interessanterweise betritt André Stephany mit dieser sehr konkreten und praktischen Einführung in die Aufgabe der liturgischen Leitung im reformierten Kontext der Schweiz Neuland. Meines Wissens gibt es nicht einmal für angehende Pfarrpersonen ein solches Vademecum, zumindest kein aktuelles. Umso erfreulicher, dass es nun vorliegt!

Noch ein Wort zum Kontext: Der vorliegende Band ist im Rahmen einer historiografisch, theologisch und empirisch verfahrenden Forschungsarbeit zum Prädikant:innendienst in der Schweiz entstanden. Als Fingerübung und Nebenprodukt gewissermassen. Dass theologische Forschung nicht im Elfenbeinturm bleibt, sondern den Bodenkontakt sucht, die brennenden Fragen von Kirchenleitungen, Pfarrpersonen und ehrenamtlich Verkündigenden aufspiesst und sich an die kühle Luft unserer zunehmend säkularen Gegenwart wagt, zeigt dieser Band. Wohlverstanden: Es handelt sich hier nicht um einen Forschungsbericht, in dem die Ergebnisse einer jahrelangen Feldarbeit und Datenanalyse detailliert referiert werden. Stephany setzt vielmehr den Grundsatz der Church of Scot-

Vorwort von David Plüss

land um, wonach die theologische Sprache «simple, fresh, relevant, not too doctrinal in tone or unreal in expression» sein soll, wenn die Zuhörenden oder Lesenden die Inhalte verstehen und beherzigen sollen. Es handelt sich auch darum nicht um einen Forschungsbericht, weil die Zeilen nicht am Ende eines langen Weges verfasst wurden – gewissermassen als populäre Kurzversion des dicken Buchs –, sondern auf einer frühen Wegstrecke desselben. Denn während bei einem Forschungsbericht grosse Disziplin in Bezug auf methodische Transparenz und Zurückhaltung in Bezug auf normative Positionierungen gefragt sind, legt Stephany hier, wie erwähnt, alle Zurückhaltung ab, geht frisch und froh ans Werk und scheut sich nicht vor klaren Positionierungen und liturgiepraktischen Geschmacksurteilen. Das gibt dem Band Farbe und Kontur, regt die Lektüre an – und hoffentlich auch die liturgische Praxis!

David Plüss

# I. Einleitung

«Kardinal Gasquet erzählt folgende Anekdote: Ein Taufbewerber fragte einen katholischen Geistlichen nach der Stellung des Laien in seiner Kirche. Die Stellung des Laien in unserer Kirche, erwiderte der Priester, ist eine zweifache: er kniet vor dem Altar, das ist seine erste Stellung; er sitzt unter der Kanzel, das ist seine zweite Stellung. Der Kardinal fügt hinzu: Seine dritte vergass man zu nennen: er greift nach seinem Geldbeutel.»[1]

Die Stellung des Laien im Protestantismus, könnte man nun anmerken, ist gar noch ärmer. Immerhin fällt in den meisten protestantischen Denominationen – sicherlich bei den Reformierten – das Knien weg, womit das Sitzen unter der Kanzel und der Griff zum Geldbeutel bleiben. Dagegen liesse sich einwenden, die Kirchen der Reformation kennen das Gegenüber von Geistlichkeit und Laientum nicht und wenn es Laien gibt, so gehören auch die sogenannten Geistlichen in diese Kategorie. In einem Gottesdienst wären dann rein funktional die Gruppe der sitzenden Laien und der stehende Laie einfach mehr oder weniger wortreich beteiligt.

Ist es das, wohin das Konzept des Allgemeinen Priestertums die Kirchen der Reformation gebracht hat? Ist die Dynamik der unerhörten Idee, Geistliche und Kirchenvolk seien prinzipiell von gleichem Stand[2] und Geistliche blieben zeitlebens Teil des Kirchen-

---

1   Congar, Yves: Der Laie. Entwurf einer Theologie des Laientums, 3. Aufl., Stuttgart 1964, 7.
2   Vgl. WA 6,564,11 f., wo Luther den Geistlichen ein besonderes Amt, aber eben nicht einen besonderen Stand zuschreibt. Vgl. auch Barth, Hans-

I. Einleitung

volks, da stecken geblieben, bei einer theoretischen Gleichstellung aber einer faktischen *procedure as every year or always?* Wäre das so, dann gäbe es dieses Buch nicht, das zweierlei möchte: Interessierten am Dienst als Prädikantin oder Laienprediger, oder schon im ehrenamtlichen Predigtdienst stehenden, eine kleine Einführung in die Geschichte und Gegenwart dieses Amts in der Schweiz geben, verbunden mit Vorschlägen für die liturgische Gestaltung und die Einübung liturgischer Präsenz im Sonntagsgottesdienst. Auch wenn es viel Kritisches anzumerken gibt, wie das Allgemeine Priestertum und die Umsetzung der Gemeindebeteiligung am Gottesdienst momentan in der Praxis gelebt werden, so sind die zunehmende Zahl der am ehrenamtlichen Verkündigungsdienst Interessierten und die vielen aktiven Prädikantinnen und Laienprediger sowie die anders in der Wortverkündigung ehrenamtlich Engagierten Zeichen einer Dynamik, die bis heute in unseren Kirchen Menschen bewegt, motiviert und beruft. Die Geschichte der Laienpredigt verlief an keiner Stelle linear, sondern immer in Wellen. Müsste man die momentane Entwicklung in der Schweiz auf einem Koordinatensystem verorten, so befänden wir uns vermutlich gerade im Aufschwung einer Kurve. Das Amt der ehrenamtlichen Verkündigung stösst auf Interesse in Landeskirchen, wo es noch nicht etabliert ist, und institutionalisiert sich zunehmend dort, wo es schon bekannt ist. Die zukünftige Entwicklung wird sehr davon abhängen, wie sich die alternativen Zugänge und Ausbildungswege ins Pfarramt entwickeln werden. Werden Quereinstiege wie *QUEST*[3] und *ITHAKA*[4] einfacher oder gar weitere Alterna-

---

Martin: Einander Priester sein. Allgemeines Priestertum in ökumenischer Perspektive [Kirche und Konfession Bd. 29], Göttingen 1990, 38.

3   Vgl. www.bildungkirche.ch/quereinstieg-den-reformierten-pfarrberuf [04.05.2023].

4   Vgl. www.kopta.unibe.ch/studium/ithaka/index_ger.html [04.05.2023].

## I. Einleitung

tivwege entwickelt,[5] könnte der Prädikant:innen-Dienst stagnieren. Sollten die Hürden ins Pfarramt weiterhin relativ hoch bleiben, werden die Laienpredigenden eine zunehmend wichtigere Rolle für die Verkündigung in der Fläche übernehmen müssen und an Bedeutung gewinnen.

Doch da ist immer wieder der Blick in die Geschichte spannend. Es ist nicht so, als ob mit Martin Luther – der ja immer der Bezugspunkt für das Allgemeine Priestertum ist – die sogenannte Laienpredigt[6] ihren dauerhaften Durchbruch gefeiert hätte. Martin Luthers Einstellung dazu war im Prozess und veränderte sich über die Jahre, wurde sogar zunehmend restriktiver bis er um die 1530er Jahre herum schrieb:

> «So gedenck nu ein iglicher: Will er predigen odder leren, so beweise er den beruff und befelh, der ihn dazu treibt und zwingt odder schweige stille. Will er nicht, so befelh die Oberkeit solchen buben dem rechten meister, der Meister Hans [i. e. der Henker] heisst.»[7]

Gar den Henker wünscht er sich herbei, wenn jemand ohne Auftrag zu predigen wagt. Während es Luther anfangs programmatisch wichtig war, die Befähigung aller Christenmenschen zur Lehre und Bezeugung des Evangeliums auszudrücken, waren es unter anderem vermutlich die Erfahrungen mit den sogenannten Schwärmern der Reformation, die ihn zu einer stärkeren Betonung des Amts führ-

---

5   Vgl. zur Frage verschiedener Zugänge zum Pfarramt: Foitzik, Karl: Mitarbeit in Kirche und Gemeinde. Grundlagen, Didaktik, Arbeitsfelder, Stuttgart 1998.
6   Auf den Laienbegriff wird später noch eingegangen.
7   WA 31/1,212,1–4; vgl. auch Barth, Priester, 52.

I. Einleitung

ten.[8] In die *Confessio Augustana* floss diese Entwicklung schliesslich mit folgendem Satz ein, um den sich besonders in den lutherischen Kirchen auch heute die Diskussion dreht, wenn über das Predigtamt und dessen Öffnung diskutiert wird. Dort heisst es:

> *«Vom Kirchenregiment wird gelehrt, dass niemand in der Kirche öffentlich lehren, predigen oder die Sakramente reichen soll ohne ordentliche Berufung.»*[9]

Nun sind in der Schweiz die Gemeinden sehr autonom und die Bindung an Kirchenordnungen, gar an die *Confessio Augustana* ist deutlich entspannter als in Deutschland, weshalb es in Gemeinden auch Menschen gibt, die ohne ordentliches Amt auf Einladung der Gemeinde predigen. Trotzdem war dieser Grundsatz *nicht ohne ordentliche Berufung* auch in der Schweiz für die Ausgestaltung des Prädikanten- und Laienpredigerinnen-Dienstes von grundlegender Bedeutung. Wie in diesem Buch gezeigt werden wird, handhabt jede Kantonalkirche den Prozess der Berufung verschieden und auch die Übertragung des Auftrags zur Verkündigung reicht vom Zustellen einer Urkunde per Post bis hin zum feierlichen Einsetzungsgottesdienst. Aber doch ist die Beauftragung bei allen Kirchen, die dieses Amt in ihren Gesetzestexten kennen, ein Prozess, in dem die Kantonalkirchen sich ein Bild der Kandidat:innen machen, gegebenenfalls eine Ausbildung verlangen und schliesslich auf die

---

8   Vgl. Stein, Albert: Evangelische Laienpredigt. Ihre Geschichte, ihre Ordnung im Kirchenkampf und ihre gegenwärtige Bedeutung [Arbeiten zur Geschichte des Kirchenkampfes Bd. 27], Göttingen 1972, 11 f.
9   Confessio Augustana / Das Augsburgische Bekenntnis (1530), in: Die Bekenntnisschriften der evangelisch-lutherischen Kirche (BSLK), 11. Aufl., Göttingen 1992 (erstmals 1930); Im lateinischen Text: *De ordine ecclesiastico docent, quod nemo debeat in ecclesia publice docere aut sacramenta administrare, nisi rite vocatus.*

# I. Einleitung

ein oder andere Art die Berufung zu diesem Dienst erteilen. *Rite vocatus,*[10] ordentlich berufen, sollen Menschen sein, die in den Gemeinden predigen, das heisst, nicht nur einem inneren Instinkt folgen, sondern einer Berufung, die auch von Seiten der Kirche wahrgenommen und anerkannt wird, so die Theorie.

Dieses Buch möchte Menschen, die sich berufen fühlen, im Ehrenamt zu predigen, oder dies bereits tun, eine kleine Übersicht über den Dienst in den Schweizer Kantonalkirchen geben. Dazu wirft es in sträflicher Kürze einen Blick auf die Geschichte der Laienpredigt in der weiteren Kirche und ganz konkret anhand weniger Beispiele historischer Kirchenordnungen der Schweiz, um die grössten Entwicklungslinien aufzuzeigen und um dann an den gegenwärtigen Stand in der Schweiz anzuknüpfen. Exemplarisch werden momentane Regelungen von Kantonalkirchen, die sich in stetiger Entwicklung befinden, verglichen, um die verschiedenen Ausgestaltungen des Dienstes in der Landschaft der Schweizer reformierten Kirchen deutlich werden zu lassen.

Da Prädikantinnen und Prädikanten während ihrer Ausbildung in kurzer Zeit mit grossen Mengen an Stoff und Literatur konfrontiert sind, wird diese Einleitung in den Dienst der ehrenamtlichen Verkündigung um eine liturgische Handreichung ergänzt. Diese kann in Ergänzung zu dem hilfreichen Leitfaden der Aargauer Kirche[11] verwendet werden und hat keineswegs den Anspruch, eine eigene Gottesdiensttheologie oder ein Lehrbuch für Liturgik oder Homiletik zu sein, geschweige denn ein solches zu ersetzen. Die Idee ist, in Kürze ganz konkrete Vorschläge zur liturgischen Gestaltung und zum Einüben liturgischer Präsenz zu machen, die beim ersten Sprung ins

---

10 Ebd.
11 Vgl. Arbeitshilfe zur Gottesdienstgestaltung, www.ref-ag.ch/gottesdienst-und-musik/laienprediger-laienpredigerin/arbeitshilfe-zur-gottesdienstgestaltung [04.05.2023].

## I. Einleitung

kalte Wasser der Gottesdienstgestaltung eine Hilfe sind. Vielleicht auch als eine Art Stein des Anstosses, der die Entwicklung eigener Konzepte und Gedanken zu Liturgie und zu einzelnen liturgischen Abläufen anregt. Die reformierte Kirche kennt eine Vielzahl an Wegen, wie Liturgie gestaltet werden kann, was Fluch und Segen zugleich ist. Die Erkennbarkeit von reformierten Gottesdiensten und die Erwartbarkeit eines vertrauten Standards leiden oft unter der bunten Mischung an Formen, die je individuell geprägt werden. Gleichzeitig ist es auch wertvoll, mit liturgischem Gespür auf Gegebenheiten und Bedürfnisse einer Gemeinde und einer konkreten Situation reagieren zu können. Das bedeutet für diese Handreichung allerdings, dass sie eine individuelle Meinung darstellt, der sich einige anschliessen und andere vehement widersprechen würden. Doch auch ein Konzept, dem man gar nicht zustimmen kann, kann dabei helfen, einen eigenen Standpunkt und eigene Schwerpunkte zu entwickeln. So ist diese Handreichung gedacht als Orientierung, als Steinbruch aber durchaus auch als Sparringspartner im Ringkampf um eine stimmige Liturgie. Im Blick sind dabei der klassische Sonntagsgottesdienst und Gottesdienste mit Abendmahl und Taufe. Die vielen alternativen Gottesdienstformen, die ebenfalls Wert wären, betrachtet zu werden, können hier nicht berücksichtigt werden.

In dieser Einleitung werden die Begriffe Prädikantinnen, Laienprediger und Verkündigende im Ehrenamt bunt gemischt verwendet. Wie sich zeigen wird, sind die Bezeichnungen in den verschiedenen Kantonalkirchen noch deutlich vielfältiger und mit Prädikantin und Laienprediger sind die zwei häufigsten aufgegriffen. Sie sind aber im Kontext der Schweiz synonym zu verstehen. Der Begriff des Laien bedarf allerdings eines eigenen Kommentars.

> «Was für Menschen sind das aber, die die Papisten ‹Laien› nennen, deren Unwissenheit bloss mit Bildern sollte behoben werden können? Es sind doch die, welche der Herr als seine Jünger anerkennt, die er der Offenbarung seiner himmlischen

I. Einleitung

Lehre [philosophia] würdigt, die er in den heilsamen Geheimnissen seines Reiches will erziehen lassen.»[12]

Für Johannes Calvin war der Begriff des Laien eine Unterscheidung, die nur die römische Kirche fälschlicherweise verwendete. Laien seien nämlich alle des Volkes Gottes, die Jünger (und Jüngerinnen) des Herrn, wie er sagt, eben die, an welche sich die Offenbarung richtet. Spricht man im reformierten Kontext von Lai:innen, so sind damit theologisch eigentlich alle gemeint, die Pfarrpersonen oder andere Verkündigende eingeschlossen. Faktisch wurde und wird in der evangelischen Geschichte der Laienbegriff jedoch häufig als Abgrenzung zu den studierten und ordinierten Theolog:innen verwendet. Auch der Begriff der Geistlichkeit, im Gegenüber zu den Laien, fand sich lange in Kirchenordnungen der Schweiz, u. a. in Bern.[13] Rudolf Bohren hingegen sagt es so: «Die Laien sind die ganze Kirche in ihrem Dienst in und an der Welt.»[14] Es gibt auch viele evangelische Theolog:innen, die den Begriff der Laien rundum ableh-

---

12  Calvin, Inst. I.11.7d.
13  Vgl. u. a. Evangelisch-Reformierte Landeskirche des Kantons Bern. Gemeinde- und Predigerordnung für die evangelisch-reformierte Kirche des Kantons Bern, Bern 1879, § 30 (Ausgabe der Stämpfli'schen Buchdruckerei).
14  Bohren, Rudolf: Laienfrage und Predigt, in: Studientage für die Pfarrer, Heft 5, Eine Sammlung von Vorträgen hg. v. Synodalrat der Evangelisch-reformierten Landeskirche des Kantons Bern, Bern/Stuttgart 1966. Dem würden viele reformierte und lutherische Theolog:innen zustimmen. So auch u. a. Ralph Kunz: «Alle geistbegabten Glieder dieser Gemeinschaft sind im theologischen Sinne *Laien.*» Zitiert aus: Kunz, Ralph: Zur Notwendigkeit einer Theologie des Laientums und zu den Chancen und Stolpersteinen der gemeinsamen Verantwortung in Gemeinde und Kirche, in: ders./Zeindler, Matthias (Hg.), Alle sind gefragt, Das Priestertum aller Gläubigen heute [denkMal Bd. 9], Zürich 2018, 31–52, hier: 34.

I. Einleitung

nen. So Harm Klueting, wenn er schreibt: «Die reformatorischen (evangelischen) Kirchen kannten und kennen, jedenfalls theologisch gesehen, keinen Klerus (und damit auch keine Laien!).»[15] Daneben gibt es aber durchaus auch Stimmen, die diese Unterscheidung für notwendig halten. Dies sind meistens auch mahnende Stimmen, wenn es um die Übertragung von Aufgaben an Nicht-Ordinierte, Laien eben, geht, die traditionell an die Ordination gebunden waren.[16]

Dieses Buch folgt theologisch der Position, dass es in den evangelischen Kirchen entweder keine Lai:innen gibt, oder wenn doch, dass damit dann das ganze Kirchenvolk gemeint ist. Ein Unterschied im Stand und damit verbunden in geistlichen Kompetenzen entspricht nicht reformierter Theologie. Eine ordinierte Pfarrperson agiert als aus der Gemeinde und von der Gemeinde gesandter Laie, als gesandte Laiin. Es ist aus einer begrifflichen Verlegenheit und

---

15   Klueting, Harm: Öffentliche Wortverkündigung und Sakramentsverwaltung im Ehrenamt. Laienprediger – Prädikanten – Predigthelfer – Ältestenprediger – Lektoren in den Gliedkirchen der EKD, Stuttgart 2002, 20.

16   Stellvertretend seien hier Gunther Wenz und Ulrich Wilckens genannt. Ersterer vertritt in seinem Aufsatz *Rite Vocatus/a* die Ansicht, das evangelische Pfarramt sei nicht von der Gemeinde, sondern von Gott gestiftet und bestimmte Aufgaben seien zwingend mit der Ordination verbunden: Wenz, Gunther: Rite vocatus/a. Zu einer Empfehlung der Bischofskonferenz der VELKD, in: Deutsches Pfarrerblatt 105, Nr. 2 (2005), 59–64. Letzterer sieht die Ordinierten als Nachfolger:innen der Apostel, ausgestattet mit einem von Gott geschenkten Charisma. Er vertritt in seinem Aufsatz zum kirchlichen Amt die These, das ordinierte Amt unterscheide sich nicht nur funktional, sondern wesenhaft von anderen kirchlichen Diensten: Wilckens, Ulrich: Kirchliches Amt und gemeinsames Priestertum aller Getauften im Blick auf die Kirchenverfassungen der Lutherischen Kirchen, in: Kerygma und Dogma 52, Nr. 1 (Januar 2006), 25–57, hier: 41.

mangels begrifflicher Alternativen für die Unterscheidung von studierten Theolog:innen mit Ordination und Personen ohne Theologiestudium und ohne Ordination, und aus dem Grund, dass verschiedene Kantonalkirchen den Begriff benutzen, dass in diesem Buch trotzdem auf die Bezeichnung *Laienpredigt* und auf die *Laienpredigenden* zurückgegriffen wird. Begriffe, die dies vermeiden, sind meist Negativbegriffe: Nicht-Ordinierte, Nicht-Theolog:innen. Diese Begriffe sind in sich defizitorientiert und keine guten Alternativen. Wobei der Begriff des Laien in der heutigen Umgangssprache auch diesen Klang von Defizit, ja der Amateurhaftigkeit und des Dilettantismus oder wenigstens den Gegensatz zum Professionellen hat. Er wird als kleineres Übel verwendet in der Hoffnung auf bessere sprachliche Alternativen in der Zukunft.

Noch ein weiteres Wort zur Sprache. Der Autor ist um eine gendergerechte Sprache bemüht und versucht, zwischen non-binären Formen mit Doppelpunkt oder Gerundium und der binären Nennung maskuliner und femininer Formen abzuwechseln.

«Die These vom allgemeinen Priestertum ist in die reformatorische Ekklesiologie eingegangen, doch so, dass sie ihre emanzipatorische Kraft verlor und der Vorrangsstellung [sic] des geordneten Amtes nicht mehr widersprach.»[17] An dieser traurigen Bilanz ist leider viel Wahres. Prädikantinnen und Laienpredigende wirken jedoch mit ihrer Existenz und ihrem Dienst dieser Fehlentwicklung entgegen und sie erinnern die Kirche immer wieder an diese «emanzipatorische Kraft» und die Dynamik, die entstehen kann, wenn das kirchliche Geschehen und Handeln als Gemeinschaftswerk von Menschen auf Augenhöhe gestaltet wird.

---

17   Barth, Priester, 50.

## II. Prädi… was? Lückenbüssende oder Verkündigende auf Augenhöhe?[18]

Aktive Prädikantinnen und Prädikanten kennen es: An der Kirchentür verabschieden sich die Leute freundlich und danken der Frau Pfarrerin, dem Herrn Pfarrer. Stellt man sich als Prädikant:in vor, leuchtet das grosse Fragezeichen in den Augen des Gegenübers. Regional gibt es da mittlerweile aber Unterschiede. Es gibt in der Schweiz verschiedene Kantonalkirchen, die ihren Prädikantendienst im letzten Jahrzehnt deutlich entwickelt haben (allen voran die Kirchen RefBeJuSo und Aargau). Dort berichten die Aktiven, wie ihre Arbeit zunehmend bekannter wird. Es gibt Kantone, wo es keine Art der ehrenamtlichen Verkündigung gibt und andere, wo dieser Dienst zwar besteht, aber mit rudimentärer Ausstattung und eher als Notlösung oder Plan B. Dort, wo der Laienpredigtdienst bereits etabliert ist, leistet er einen wichtigen Beitrag für die Präsenz der Kirche in der Fläche. Wie sich das in der Zukunft entwickeln und wie bedeutend die Mithilfe von Freiwilligen mit liturgischer und homiletischer Schulung sein wird, wird auch von der Entwicklung der Möglichkeiten zum Quereinstieg ins Pfarramt abhängen. Werden diese Zugänge einfacher bzw. wird das momentan in der Schweiz diskutierte Konzept eines theologischen Bachelorabschlusses mit Anschlussmöglichkeit in der kirchlichen Praxis weiter-

---

18  Vgl. dazu auch: Stephany, André: Ich bin eher der Blumenstrausstyp. Lückenbüsserinnen oder Verkündigende auf Augenhöhe?, in: Ensemble 66/08.2022, 16–17.

verfolgt,[19] wird das auch Auswirkungen auf den Bedarf an freiwilligen Verkündigenden haben.

Bei dieser Argumentation über die Bedeutung des Prädikant:innen-Dienstes oder des Laienpredigtdienstes für die Zukunft der Kirche sind wir auch schon bei einer fundamentalen Grundsatzentscheidung in Bezug auf die Definition dieses freiwilligen Amts. Sind Laienpredigende Aushilfen, die gerufen werden, wenn die Pfarrpersonen nicht alle Gottesdienste oder Kasualien abdecken können,[20] oder sind Prädikantinnen und Prädikanten Verkündigende auf Augenhöhe? Das hiesse, die Kirche braucht Prädikantinnen auch in Zeiten, in denen sie eigentlich genug ordinierte Pfarrpersonen hätte, weil ihr Beitrag zum grossen Auftrag der Verkündigung einzigartig und wertvoll ist. Dazu zwei Beispiele aus Verordnungen von Landeskirchen, die eine Definition des Dienstes beinhalten: zum einen von den reformierten Kirchen im Verbund Bern, Jura, Solothurn und zum anderen von der Kantonalkirche Solothurn.

Art. 2 der Prädikantenverordnung der reformierten Kirchen Bern, Jura, Solothurn versteht das Amt als Ausdruck des Auftrags aller Getauften zur Mitwirkung an der Verkündigung:

> 1 Prädikantinnen und Prädikanten der Reformierten Kirchen Bern-Jura-Solothurn sind Personen, die zur aushilfsweisen Leitung von Gottesdiensten ausgebildet und ermächtigt sind. Sie bringen mit ihrem Dienst zum Ausdruck, dass alle getauften

---

19 Krauter, Stefan / Wüthrich, Matthias D. (Hg.): Ordination. Grundfragen und Impulse aus reformierter Tradition [Praktische Theologie im reformierten Kontext Bd. 18], Zürich 2023, Einleitung, 7–10, hier: 7.

20 Vgl. Sautter, Jens Martin: Keine Angst vor Ehrenamtlichen. Prädikantinnen und Prädikanten in der Kirche der Zukunft – ein Blick auf die Church of England, in: Pastoraltheologie 105 (2016), 283–301, hier: 284: «Prädikanten kommen zwar zum Einsatz, aber in der Regel nur dann, wenn die ‹richtige› Pfarrerin nicht kann.»

II. Prädi… was? Lückenbüssende oder Verkündigende auf Augenhöhe?

Menschen berufen sind, an der Verkündigung des Evangeliums mitzuwirken.
2 Sie sind nicht zu einem kirchlichen Amt beauftragt oder zum Pfarramt ordiniert.
3 Der Synodalrat ermächtigt geeignete Personen zum Prädikantendienst.[21]

Die Kantonalkirche Solothurn definiert das Amt folgendermassen:

> § 160 Prädikanten und Prädikantinnen sind Personen, die nicht zum Pfarramt ordiniert, aber für die aushilfsweise Leitung von Gottesdiensten berufen und ausgebildet sind. Sie bringen mit ihrem Dienst zum Ausdruck, dass alle getauften Menschen berufen sind, an der Verkündigung des Evangeliums mitzuwirken.
> § 161 Die Prädikanten und Prädikantinnen sind befugt, im Auftrag des Pfarrers oder der Pfarrerin der betreffenden Kirchgemeinde einzelne Gottesdienste zu leiten.[22]

Während in manchen deutschen Landeskirchen der EKD ein Umdenken festzustellen ist, hin zu einem Konzept der Dienstgemeinschaft[23] (z. B. in der Landeskirche Baden u. a.), so ist in der

---

21 Verordnung über die Prädikantinnen und Prädikanten (Prädikantenverordnung) der Evangelisch-reformierten Landeskirche des Kantons Bern vom 12. Dezember 2013 (Stand 1. Januar 2020), Art. 2,1–3; https://m.refbejuso.ch/fileadmin/user_upload/Downloads/KES_KIS/4/42-010_Verordnung-Praedikantinnen-Praedikanten_200101.pdf [08.02.2022].
22 Kirchenordnung der Evangelisch-reformierten Kirche Kanton Solothurn vom 1. Juli 2017 (Stand 1. Januar 2019), §§ 160–161; www.ref-so.ch/wp-content/uploads/2019/11/Kirchenordnung_20190101-1.pdf [08.02.2022].
23 Vgl. u. a. Beese, Dieter / Kurschus, Annette: Der Pfarrdienst in der Dienstgemeinschaft der Kirche, Bielefeld 2018.

## II. Prädi… was? Lückenbüssende oder Verkündigende auf Augenhöhe?

Schweiz mehrheitlich das Konzept der Aushilfe dominant. Nicht selten beschreiben Prädikanten sich selbst als Lückenbüsser, wenn Not an Pfarrpersonen herrscht.[24] Dieses Konzept begegnet sogar in Landeskirchen, die diesen Dienst institutionalisiert haben und mit Wertschätzung behandeln. Wie oben im Auszug aus der Prädikantenverordnung der RefBeJuSo zu lesen, werden Prädikant:innen dort – zumindest momentan noch – als «Personen, die zur aushilfsweisen Leitung von Gottesdiensten ausgebildet und ermächtigt sind»[25] beschrieben. Und das bei gleichzeitiger Betonung, dass es sich dabei um einen Ausdruck des Priestertums aller Getauften bzw. des Verkündigungsauftrags an alle Getauften handle.[26] Dies ist eines der Beispiele, bei denen die Kirchenordnung in ihren Formulierungen die gelebte Praxis in der jeweiligen Landeskirche nicht mehr korrekt wiedergibt und hinter den Fortschritten zurückbleibt.

Anders gelöst hat das die reformierte Kirche Basel-Land, die den Laienpredigtdienst zum 1. Januar 2022 neu in ihre Kirchenordnung[27] aufgenommen hat:

---

24 Vgl. Sautter, Keine Angst, 301, der sich stark gegen diese Vorstellung des Dienstes einsetzt; Schütz, Marcel: Miteinander wirken. Perspektiven zum Pfarr-, Lektoren- und Prädikantendienst in dienstgemeinschaftlicher Verhältnisbestimmung, in: Deutsches Pfarrerblatt 9 (2006), 471–474, hier: 471; Fuhrmann, Georg: Grenzgänger. Lektoren im Dienst der Verkündigung, Hannover 1987, 164; Foitzik, Mitarbeit in Kirche, 57. Die erwähnten Laienpredigenden haben diese Beobachtung mir gegenüber in Interviews geäussert, die ich im Rahmen eines Dissertationsprojekts zum Thema der ehrenamtlichen Verkündigung geführt habe.
25 Prädikantenverordnung Bern (2013/2020), Art. 2,2; Es gibt Überlegungen, diese Formulierung in den Rechtstexten zu ändern.
26 Vgl. ebd.
27 Vgl. Kirchenordnung Basel-Land (Jan. 2022), https://refbl.ch/refbl-wAssets/docs/Kirchliche-Gesetzessammlung/04-Kirchenordnung/4.1-NEU-Kirchenordnung-ERK-BL-vom-07.09.2021.pdf [02.10.2023].

II. Prädi… was? Lückenbüssende oder Verkündigende auf Augenhöhe?

§ 1,1 Dem Engagement von Laienpredigerinnen und Laienpredigern liegt das reformatorische Grundanliegen des Priestertums aller Gläubigen zugrunde. Ihr Einsatz dient dem Ziel, einen Beitrag zur Vielstimmigkeit des Gottesdienstes zu leisten und diesen durch die Erweiterung der Beteiligung und den Einbezug geeigneter Mitglieder der Kirchgemeinde zu bereichern.[28] […]

§ 1,5 Der Einsatz von Laienpredigerinnen und Laienpredigern hat zum Zweck

a. theologische und rhetorische Kompetenzen, das Vorwissen sowie die Lebenserfahrung von Gemeindemitgliedern nutzbar zu machen, um ein lebendiges, breit abgestütztes Gemeindeleben zu fördern;
b. Quellen zusätzlicher Inspiration und Bereicherung des Gottesdienstes zu erschliessen;
c. Menschen neben der Kerngemeinde und aus anderen gesellschaftlichen Milieus zu erreichen;
d. die vorhandenen Ressourcen bei Bedarf zu ergänzen.[29]

Bei dieser Definition wird im Gegensatz zu den obigen Ausschnitten der Aushilfscharakter des Amts als letzter Punkt erwähnt. Hergeleitet wird es aus der grundsätzlichen Überzeugung, dass alle Gläubigen zur Verkündigung berufen sind und die Laienpredigenden dem durch ihre Beiträge Ausdruck verleihen. Sie werden in § 1,5 nicht als schlechte Kopien von Pfarrpersonen, sondern als Persönlichkeiten mit Fähigkeiten und Begabungen beschrieben, die sie zur «Bereicherung» beitragen lassen. Damit ist ein anderer Akzent gesetzt.

---

28 § 1,1 des Reglement Laienpredigt und Aufgabendelegation (LAD) Basel-Land, https://refbl.ch/refbl-wAssets/docs/Kirchliche-Gesetzessammlung/04-Kirchenordnung/4.9-Reglement-Laienpredigt-und-Aufgabendelegation.pdf [02.10.2023].
29 A. a. O., § 1,5.

II. Prädi… was? Lückenbüssende oder Verkündigende auf Augenhöhe?

Der entscheidende Punkt bei der Frage der Berufung zur Verkündigung, um den in vielen Debatten gerungen wird, ist, ob es sich bei der Berufung zur Verkündigung aller Getauften oder Gläubigen um eine Berufung zur öffentlichen Verkündigung oder zur Verkündigung im privaten Rahmen handelt und darum, ob Pfarrpersonen ihren Auftrag ebenso aus dem Allgemeinen Priestertum herleiten oder sich darin von allen anderen Getauften unterscheiden.

Die reformierten Kirchen bekennen sich zum theologischen Konzept des Allgemeinen Priestertums (manche nennen es Priestertum aller Getauften/Gläubigen).[30] Die reformierten Kirchen bekennen sich in Einigkeit mit den lutherischen Geschwistern und den Mitgliedern der Gemeinschaft Evangelischer Kirchen in Europa (GEKE)[31] auch zur Notwendigkeit besonders berufener Verkündigungsämter.[32] Das steht nicht im Widerspruch. Das Allgemeine Priestertum wäre – zumindest nach Luther und anderen Reformato-

---

30  Bullinger, Heinrich: Das Zweite Helvetische Bekenntnis. Ins Deutsche übertragen von Walter Hildebrandt und Rudolf Zimmermann mit einer Darstellung von Entstehung und Geltung sowie einem Namen-Verzeichnis, 6. Aufl., Zürich 2017, 93. Heinrich Bullinger weist darauf hin, dass es trotz des Allgemeinen Priestertums Diener in der Kirche geben muss und dass sich das nicht gegenseitig ausschliesst (ebd.).

31  Vgl. Fischer, Mario/Friedrich, Martin (Hg.): Amt, Ordination, Episkopé und theologische Ausbildung. Ministry, ordination, episcopé and theological education [Leuenberger Texte Nr. 13], 2. erw. Aufl., Leipzig 2020; www.eva-leipzig.de/dl.php?id=5046&dl=383 [04.10.2023].

32  So heisst es im Zweiten Helvetischen Bekenntnis von Heinrich Bullinger im 18. Kapitel zu den Dienern in der Kirche: «Um sich seine Kirche zu sammeln und zu gründen, sie zu leiten und zu erhalten, hat Gott immer Diener verwendet, bedient sich solcher auch heute noch und solange es eine Kirche auf Erden gibt. Deshalb ist Ursprung, Einsetzung und Amt der Diener von höchstem Alter und rührt von Gott selbst her, ist also nicht eine neue oder bloß menschliche Ordnung. […] Doch müssen wir uns auch wieder davor hüten, daß wir nicht dem Diener

ren – falsch verstanden, wenn es bedeuten sollte, alle könnten von sich aus in der öffentlichen Verkündigung im Namen der Kirche tätig werden. Vielmehr sind alle durch ihre direkte und priesterliche Stellung vor Gott dazu fähig und, sofern sie berufen werden, auch dazu verpflichtet.[33] Das Pfarramt und das Amt der ehrenamtlich Verkündigenden stehen einander nicht gegenüber, sondern sind beide, zumindest aus reformierter Perspektive, gleichermassen Ausdruck des Allgemeinen Priestertums und in diesem verankert.[34]

Während sich das Luthertum in diesen Diskussionen auf einen klar definierten Kanon an Bekenntnisschriften beziehen kann, ist die Lage im reformierten Kontext etwas komplizierter. Darauf wird auch im kurzen historischen Abriss noch eingegangen. Die Ämterlehre Calvins hat in der Praxis der deutschsprachigen Schweiz nicht recht verfangen und das Zweite Helvetische Bekenntnis geht beim Thema der Berufung zur Verkündigung nicht sehr in die Tiefe.

Und somit ist es wie in der *Confessio Augustana* bei den Lutheranern auch bei den Reformierten von den Bekenntnisschriften her nicht ausdrücklich geregelt, was es über eine rechte Berufung (*rite vocatus* in CA XIV bzw. *Wahl* im Zweiten Helvetischen Bekenntnis[35]) hinaus braucht. Es ist nicht festgeschrieben, dass die Verkündigung allein studierten und ordinierten Theolog:innen vorbehalten sei. Die vielfältigen Diskussionen in den Kirchen um das Amt und die Zugänge zum Verkündigungsamt hängen nicht zuletzt mit dieser offengelassenen Definition zusammen. Es wäre jedoch eine falsche Schlussfolgerung aus dieser Definitionslücke, dass es beim Prädikantinnenamt darum ginge, den Amtspersonen, also den berufenen oder gewählten Pfarrpersonen, ihr Amt streitig zu machen. Die

---

und dem Amt zu viel zuschreiben […].» Bullinger, Das Zweite Helvetische Bekenntnis, 18. Kap., 87 f.
33  Vgl. Fuhrmann, Grenzgänger, 44.
34  Vgl. Klueting, Öffentliche Wortverkündigung, 25 f.
35  Vgl. Bullinger, Das Zweite Helvetische Bekenntnis, 18. Kap., 92.

II. Prädi… was? Lückenbüssende oder Verkündigende auf Augenhöhe?

Übertragung dieser Aufgaben auf besonders dafür ausgebildete Personen, die sich in einer geistlichen Existenz dieser Berufung widmen, ist seit Beginn der Reformation zu beobachten.

Prädikanten ersetzen das Pfarramt nicht, doch sie sind auch nicht nur Aushilfen. Laienpredigende ergänzen das hauptamtliche Pfarramt. Sie tun dies in der Regel ohne dafür ein festes Einkommen zu erhalten und ohne die Verpflichtung, alle pfarramtlichen Aufgaben übernehmen zu müssen. Sie werden ausgebildet und von der Kirche berufen, wie die Pfarrpersonen, jedoch zu einer klar umgrenzten Aufgabe. Bei der Ausübung dieser Aufgabe im Auftrag der Gemeinden oder eines Regionalpfarramts stehen sie den Pfarrpersonen in nichts nach, sie sind Verkündigende auf Augenhöhe. Sie sind nicht Alternative zum Pfarramt, auch nicht Konkurrenz, aber auch keine niedriger stehende Kopie, sondern gleichwertige Verkündigende mit anderer Perspektive. Das berufene Amt, das Dieneramt – wie es das Helvetische Bekenntnis nennt – hütet nicht Privilegien, es erfüllt einen Zweck.

Das bedeutet in der Praxis, dass Prädikant:innen ihren Dienst im Rahmen ihres erteilten Auftrags auch prägen dürfen und nicht zur Nachahmung der Pfarrpersonen verpflichtet sind.[36] Ihre Gottesdienste dürfen geprägt sein von ihren beruflichen Hintergründen und auf diese Ressourcen zurückgreifen. In mehreren Interviews[37] haben Laienpredigende auch von eigenen Gefässen, eigenen Nischen berichtet, die sie in Gemeinden etablieren konnten: ein regelmässig stattfindendes besonders partizipatives Abendmahl, eine Spezialisierung auf ein Pflegeheim, ein abendlicher Gottes-

---

36 Vgl. Fuhrmann, Grenzgänger, 172; Marquard, Reiner: Glauben leben, Kirche gestalten, Gottesdienst feiern. Ein theologischer Leitfaden für das Ehrenamt, Stuttgart 2004, 14.
37 Diese qualitativen Interviews wurden im Rahmen meines Dissertationsprojekts geführt.

## II. Prädi... was? Lückenbüssende oder Verkündigende auf Augenhöhe?

dienst mit Meditation, Gottesdienste, in denen anstatt einer Predigt eine inspirierende Person aus dem öffentlichen Leben interviewt wird. Mit solchen und noch vielen weiteren wertvollen und kreativen Formen von Verkündigung bereichern Prädikant:innen von ihrem Hintergrund her das Gemeindeleben.

So sei an dieser Stelle eine Definition für Prädikant:innen und Laienpredigende gewagt:

*Prädikant:innen sind Personen, die sich, einer inneren und einer kirchlichen Berufung folgend, neben ihrer hauptsächlichen Tätigkeit in ihrer Freizeit von der Kirche weiterbilden lassen und freiwillig im Auftrag von Gemeinden oder Regionalpfarrämtern/ Dekanaten kirchliche Dienste, das sind Gottesdienstleitungen, Kasualien, Seelsorgesituationen und eigene Angebote, übernehmen und gestalten. Sie haben Anteil am Verkündigungsauftrag der Kirche und sind mit ihren diversen Lebenserfahrungen und Lebenssituationen, ihrer eigenständigen Perspektive, eine wertvolle Ergänzung zum hauptamtlichen Pfarramt.*

Dass es von Anfang an Streit um die Verkündigung gab und um die Frage, wem sie zusteht, dass es auch heute immer mal wieder skeptische Anfragen an dieses Amt gibt, hat teils auch historische Gründe. Deshalb wird im Folgenden ein Blick auf die historische Entwicklung des Dienstes geworfen. Dieser Blick kann nur skizzenhaft und sehr selektiv bleiben, weshalb zugleich auf deutlich tiefergehende und sehr informative Behandlungen der Geschichte der Laienpredigt verwiesen sei.[38]

---

38 Literaturhinweise: Fuhrmann, Grenzgänger; Klueting, Öffentliche Wortverkündigung; Stein, Laienpredigt; Zerfaß, Rolf: Der Streit um die Laienpredigt. Eine pastoralgeschichtliche Untersuchung zum Verständnis des Predigtamtes und zu seiner Entwicklung im 12. und 13. Jahrhundert [UPT Bd. 2], Freiburg 1974.

II. Prädi… was? Lückenbüssende oder Verkündigende auf Augenhöhe?

## 1. Historisch

Die Geschichte der Kirche reicht mittlerweile weit genug zurück, um für alles Beispiele und für jedes Argument Rückendeckung aus der Vergangenheit zu finden, wenn man nur gewillt ist, weit genug in der Vergangenheit zu suchen. Für diese kurze Skizze muss es genügen einige wenige wichtige Entwicklungsschritte zum Thema der sogenannten Laienpredigt herauszugreifen. In der heutigen Argumentation wird bis in die Zeit der Urkirche zurückgegangen und diskutiert, ob es nur die Apostel waren, die verkündigen durften oder ob Jesu Duldung des fremden Wundertäters (Mk 9,38–40 par)[39] diese strenge Bindung der Verkündigung an eine Beauftragung nicht hinterfragte.

In der städtischen Organisation der Alten Kirche war es der Bischof, der predigte. Erst mit der Zeit und der zunehmenden geografischen Ausbreitung des Christentums wurden kirchliche Handlungen und die Seelsorge delegiert.[40] Mit der Seelsorge beauftragte Priester erhielten den Auftrag zur Verkündigung. Damit war sie nicht mehr allein an die Bischöfe gebunden, aber auch nicht automatisch an alle geweihten Kleriker. Die Predigtpflicht hing an der *cura animarum,* dem Seelsorgeauftrag, der als Pfründen vergeben wurde.[41] Die generelle Bindung an den Weihestatus des Priestertums, unabhängig des konkreten Auftrags, entwickelte sich durch einen Streit zwischen dem sogenannten Weltklerus, dem Mönchtum, und

---

39 Dort heisst es (wenn nicht anders erwähnt, immer Zürcher Bibel): *Johannes sagte zu ihm: Meister, wir sahen einen in deinem Namen Dämonen austreiben, und wir hinderten ihn daran, weil er uns nicht folgt. Jesus aber sprach: Hindert ihn nicht, denn niemand wird in meinem Namen Wunder tun und bald danach schlecht von mir reden können. Denn wer nicht gegen uns ist, ist für uns.*
40 Vgl. Zerfaß, Streit um die Laienpredigt, 90.
41 Vgl. a. a. O., 171.

den neuen Wanderpredigerorden, um die Frage, wer predigen darf. Die Priester in den Gemeinden beanspruchten das Recht allein für sich, während Mönche und die Kanoniker der neuen Orden auch für sich selbst die Verkündigung in Anspruch nahmen. Der Kompromiss: Predigen darf, wer die Priesterweihe empfangen hat, egal ob Gemeindepriester oder Mönchspriester.[42] Damit wurde das Recht zur Verkündigung, genauer zur Predigt, zu einem Merkmal, das Kleriker von Laien unterschied.[43]

In der Zeit nachdem dieser Kompromiss zäh ausgehandelt worden war ersuchten wiederum neue Bewegungen, etwa die *pauperes in spiritu,* die Waldenser aus Lyon, beim Papst die Genehmigung für die Laienpredigt. Der Papst war dem Gesuch nicht abgeneigt und auch in den Rechtstexten der Kirche gab es eine kleine Lücke dafür. Dort heisst es in der Sammlung kanonischer Rechtstexte des Gratian, Laien mögen es nicht wagen, in der Präsenz von Klerikern zu lehren, es sei denn, wenn darum gebeten.[44] Da es also möglich ist, wenn erbeten, wäre es ebenso möglich, wenn Laien unter sich sind?[45] Wobei bei diesen Überlegungen wichtig ist, daran zu denken, dass es um die Möglichkeit der Laienpredigt ganz generell ging und nicht um die Predigt von Laien in der sonntäglichen Messe oder im liturgischen Rahmen. (Das wurde vermutlich erst mit dem II. Vatikanischen Konzil eine denkbare Option in der römischen

---

42 Vgl. Ebd.
43 Vgl. a. a. O., 172.
44 Im Original: Decretum Gratiani Dist. 23,29: *Laicus autem presentibus clericis (nisi ipsi rogantibus) docere non audeat.* Nach: Friedberg, Emil: Corpus Iuris Canonici, I: Decretum Magistri Gratiani, II: Decretalium Collectiones, Leipzig 1879–81, Nachdruck Graz 1955; Vgl. auch: Zerfaß, Streit um die Laienpredigt, 21.
45 Vgl. Hallermann, Heribert: «... dass nur öffentlich predige, wer gesandt ist.» Kanonistische Nachfragen und Perspektiven zum Verbot der «Laienpredigt» [KStKR Bd. 26], Paderborn 2017, 60.

## II. Prädi... was? Lückenbüssende oder Verkündigende auf Augenhöhe?

Kirche.)[46] So begann ein Prüfverfahren, das jedoch – nicht zuletzt aufgrund von vehementem Widerstand, auch durch die eben zu diesem Privileg gekommenen Orden – zu einem negativen Ergebnis kam, was für die Waldenser der Beginn eines langen Weges der Unterdrückung und Verfolgung wurde.

Der Widerstand der Amtskirche gegen jegliche selbstständige Laientätigkeit im Bereich Lehre und Schrift, selbst in Zusammenkünften zum Bibelstudium, wuchs, je mehr die Kirche mit Bewegungen zu tun bekam, die später als sogenannte Ketzer verfolgt werden sollten. Die Laienpredigt wurde als zu gefährlich erachtet und als Hauptinstrument der Verbreitung solcher der Hauptkirche widersprechenden oder abweichenden Bewegungen angesehen. Man sah die Strukturen der Kirche, die Hierarchie und Ordnung gefährdet. Die spätere Bewegung der Humilitaten erreichte zwar trotzdem zumindest ein Recht zur Verkündigung des *verbum exhortationis* – des erbaulichen Worts –, jedoch nicht zur Predigt über Glauben und Sakramente. Dieser Einschränkung mussten sich dann auch die Bettelorden unterwerfen, die zur Busse aufrufen und zur Moral ermahnen durften.[47] So wurden im 11. und 12. Jahrhundert Predigtverbote für Laien festgeschrieben, die auf dem Konzil von Trient, Mitte des 16. Jahrhunderts nochmals bestätigt wurden, und sich in Can. XXX, im kanonischen Recht auch noch 1917 in der Überarbeitung hielten und erst nach dem II. Vatikanischen Konzil in der grossen Überarbeitung 1983 Ergänzung erfuhren. Trotzdem gilt das Verbot prinzipiell heute noch, was regelmässig zu Diskussionen führt, zuletzt 2020 in Deutschland und der

---

46 Vgl. a. a. O., 55, Fussnote 206, wo Hallermann Rüdiger Althaus zitiert aus: Die Rezeption des Codex Iuris Canonici von 1983 in der Bundesrepublik Deutschland unter besonderer Berücksichtigung der Voten der Gemeinsamen Synode der Bistümer in der Bundesrepublik Deutschland [PaThSt Bd. 28], Paderborn 2000, 732.
47 Vgl. LThK 6, 747–748.

Schweiz. Mit dem Verbot wurde die Rolle der Laien damals und nachhaltig auf die passive Empfängerrolle festgeschrieben, womit – nicht nur die römische Kirche – bis heute zu ringen hat und wo es nur langsam Fortschritte gibt.[48]

In der Reformation wurde das kanonische Recht abgelehnt und die *Confessio Augustana* benutzte die Formel des *rite vocatus* (CA XIV) als Voraussetzung für die Teilhabe am Verkündigungsdienst. Doch faktisch entwickelte sich auch dort ein Stand der Geistlichkeit und der Graben zwischen Laien und den Berufenen war ähnlich tief, was eine aktive Beteiligung betraf, abgesehen von der Wahrnehmung von Wahlrechten und organisatorischer Mitbestimmung. Erst im Pietismus wurde die Rolle der Laien in der Verkündigung wiederentdeckt. Für Deutschland ist Philipp Jacob Spener ein prominenter Vertreter und dann die Herrnhuter Brüdergemeine.[49] Ähnliche Entwicklungen gab es auch in anderen Ländern, wo Charles Wesley sicher zu den Protagonisten gehört. Er war anglikanischer Priester und aus seinem Wirken entwickelte sich die Methodistische Kirche, in der Laien eine ganz massgebliche Rolle spielten und spielen und die in Form der Evangelischen Gemeinschaft wieder nach Deutschland und Zentraleuropa zurückgeschwappt ist.[50]

Trotzdem veränderte sich institutionell vor allem in den deutschen Landeskirchen erst etwas nach dem Zweiten Weltkrieg. Während des Krieges war die Kirche, besonders die Bekennende Kirche, immer wieder auf die Übernahme von Predigten (zumeist Lesepredigten) durch Laien angewiesen, sogenannte Nothelfer:innen.[51] Pfarrpersonen, die sich regimekritisch äusserten, wurden verhaftet und fielen oft über lange Zeit aus, viele mussten an die Front. So

---

48  Vgl. Hallermann, Verbot der Laienpredigt, 66.
49  Vgl. Klueting, Öffentliche Wortverkündigung, 29–30.
50  Vgl. a. a. O., 31.
51  Es waren teils auch Frauen, die Lesepredigten hielten; vgl. z. B. a. a. O., 38.

kam es 1935 in Dortmund zur spontanen und symbolträchtigen Berufung von vier Gemeindegliedern zu Verkündigung und Sakramentsverwaltung als Vorsorge für eine mögliche Verhaftung der Pfarrpersonen.[52] Die Frage der Laienpredigt wurde von da an in der Bekennenden Kirche regelmässig diskutiert.[53] Zwar konnte man sich auf institutioneller Ebene nicht auf einheitliche Regelungen einigen, doch faktisch spielten die Laienpredigenden oder Predigthelfer:innen eine zunehmend wichtige Rolle. Teile Deutschlands, ganz besonders Schlesien, waren in hohem Masse auf ihren Dienst angewiesen und das über das Kriegsende hinaus.[54]

Nach dem Krieg bestand weiter Bedarf an Mitarbeit in der Verkündigung und nach und nach institutionalisierte sich dieser Dienst der Laien in den Gemeinden. Dies geschah auf verschiedene Weisen, mit verschiedenen Dienstbezeichnungen und in verschiedener Geschwindigkeit, doch kontinuierlich führten alle Landeskirchen Deutschlands die ehrenamtliche Verkündigung auf die eine oder andere Art ein und Prädikant:innen leisten dort heute in grosser Zahl einen massgeblichen Dienst für die Präsenz der Kirche und ihr Gottesdienstleben.

In Deutschland hat der Krieg diese Entwicklung zur Rückbesinnung auf die Laienpredigt und deren Weiterentwicklung stärker vorangetrieben als in der Schweiz. Ein Blick in eine kleine Auswahl historischer Kirchenordnungen aus Schweizer Landeskirchen zeigt jedoch, wie auch hier die Laienpredigt als Möglichkeit in manchen Regionen schon in der ersten Hälfte des 20. Jahrhunderts (oder früher) ihren Niederschlag in den Gesetzestexten gefunden hat und in anderen nicht.

---

52 Vgl. Stein, Laienpredigt, 30 f.
53 Vgl. Asmussen, Hans: Das Priestertum aller Gläubigen, Stuttgart 1946, 8; und auch: Stein, Laienpredigt, 72.
54 Vgl. Klueting, Öffentliche Wortverkündigung, 42.

1. Historisch

Wir blicken nach Bern im Jahre 1879. Wir stossen auf die Bezeichnungen «Geistliche»[55] und «Nichtgeistliche»[56], aber ebenso auf ein deutliches Bekenntnis zur Bedeutung aller Glieder der Kirche:

> «Das allgemeine Priesterthum, welches ein Grundprinzip der evangelisch-reformirten Kirche bildet, kennt grundsätzlich keinen Unterschied zwischen Geistlichen und Laien. Desshalb sind die geistlichen Funktionen des Pfarramtes an und für sich solche, die ihrem Inhalt nach Rechte und Pflichten aller Christenmenschen sind.»[57]

So überrascht es nicht, dass diese Ordnung von 1879 bereits die Möglichkeit schafft, dass in erster Linie Studierende der Theologie Pfarrstellvertretungen übernehmen,[58] aber im Bedarfsfall und nach Prüfung anderer Optionen auch «Nichtgeistliche[.]»[59].

Diese Nichtgeistlichen unterscheiden sich natürlich von heutigen Prädikant:innen, da sie nicht offiziell zur Verkündigung berufen und ermächtigt worden sind und – in diesem Fall wirklich – nur im Notfall zum Einsatz kommen. Trotzdem legt diese Bestimmung den Grundstein für das spätere Amt der Prädikant:innen, da schon hier anerkannt wird, dass Verkündigung auch von der Kanzel nicht exklusiv an die Ordination gebunden ist, wenn es auch die Regel sein soll.

Die Berner Ordnung von 1918 setzt diese Tradition fort und legt fest, nach welcher Reihenfolge eine vorübergehende Vertretung gesucht werden soll: «in erster Linie Geistliche der Landeskirche:

---

55 Gemeinde- und Predigerordnung Kanton Bern (1879), § 30.
56 A. a. O., § 31.
57 A. a. O., § 28 (in originaler Rechtschreibung).
58 Vgl. ebd.
59 A. a. O., § 31.

II. Prädi… was? Lückenbüssende oder Verkündigende auf Augenhöhe?

Bezirkshelfer, Nachbarpfarrer und andere Geistliche; in zweiter Linie Kandidaten der Theologie; in dritter Linie geeignete, der Landeskirche angehörige Laien.»[60]

In dieser Ordnung wird auch zum ersten Mal die Möglichkeit für Frauen geschaffen, Dienste der Verkündigung zu übernehmen, als sogenannte «Gemeindehelferinnen».[61] Während diese Dienste sich anfangs hauptsächlich auf Seelsorge an weiblichen Gemeindegliedern beschränkte, wurde im Nachdruck von 1942 zum einen der Titel zu «Pfarrhelferin» geändert und, zum anderen, bei Zustimmung des Synodalrats, das Aufgabenfeld auf alle pfarramtlichen Amtshandlungen erweitert.[62]

Ein anderer Blick führt nach St. Gallen. Dort sieht es die Kirchenordnung von 1922/3 vor, dass Kandidaten der Theologie mit Genehmigung des Kirchenrats nicht nur kürzere, sondern auch längere Vertretungen übernehmen dürfen[63] und für Stellvertretungen auch Personen ohne Ordination angestellt werden können.[64] Diese Kirchenordnung von 1922/3 wurde mehrfach überarbeitet und schliesslich 1975 in überarbeiteter Form neu gedruckt. Dort wurde der entsprechende Artikel 88 zu Stellvertretungen ergänzt. Von da an waren generell Personen bzw. «Hilfskräfte», mit Zustimmung des Kirchenrats zur Stellvertretung befugt, auch wenn sie

---

60 Evangelisch-Reformierte Landeskirche des Kantons Bern. Kirchenordnung für die evangelisch-reformierte Kirche des Kantons Bern (vom 17. Dezember 1918). Langenthal 1919, Art. 54 (Ausgabe der Akzidenzdruckerei Gebr. Kuert), in originaler Rechtschreibung.
61 Vgl. a. a. O., Art. 57.
62 Vgl. Kirchenordnung Kanton Bern (1918), Neudruck 1942, Art. 57 in Verbindung mit Art. 63.
63 Vgl. Kirchenordnung der evangelischen Kirche des Kantons St. Gallen [Ges.-Sammlung, N. F. Bd. 13] Nr. 36, 5. März / 19. Mai 1922, Art. 90.
64 Vgl. a. a. O., Art. 89 und 123.

1. Historisch

die Wahlfähigkeit und die entsprechenden Voraussetzungen für diese nicht besassen.[65]

Die Landeskirchen Bern und St. Gallen sind beides Landeskirchen, die heute die Beteiligung von Laien in der Verkündigung engagiert fördern, wenn auch auf unterschiedliche Weise. Bei beiden Kirchen bestand die Möglichkeit der aktiven Beteiligung von Laien in diesem Bereich schon vor über 100 Jahren. Über die Jahre kann eine Zunahme der Möglichkeitsräume in den Kirchenordnungen festgestellt werden.

In der Thurgauer Kirche formuliert die heutige Kirchenordnung zurückhaltender, was die Beteiligung von Laien bei Predigt und Gottesdienstleitung angeht. Heute bieten sich zwar mehr Möglichkeiten, Laien aktiv einzubinden, aber die Formulierungen der früheren, rund 40 Jahre alten Ordnung war offener für eine Laienbeteiligung in der Verkündigung. So heisst es heute:

> «Der Gottesdienst wird von einem ordinierten Pfarrer oder einer ordinierten Pfarrerin geleitet.»[66]

Während es noch in den 70er Jahren hiess:

> «Die Predigt ist gegenwartsbezogene Auslegung der Heiligen Schrift. Sie wird in der Regel durch einen ordinierten Pfarrer gehalten. Über Ausnahmen entscheidet der Kirchenrat. Im Einverständnis mit der Kirchenvorsteherschaft können neben

---

65 Kirchenordnung der evangelischen Kirche des Kantons St. Gallen vom 25. Juni 1922/3, Neudruck im Februar 1975, 175.11, St. Gallen 1975, Art. 88.

66 Kirchenordnung der Evangelischen Landeskirche des Kantons Thurgau vom 17. Februar 2014 (Stand 1. Dezember 2014), § 26,1; www.evang-tg.ch/fileadmin/user_upload/downloads/Gesetze_und_Verordnungen/05_Kirchenverfassung_Kirchenordnung_5.2.pdf [08.02.2022].

II. Prädi… was? Lückenbüssende oder Verkündigende auf Augenhöhe?

> dem Pfarrer bei der gottesdienstlichen Feier geeignete Gemeindeglieder oder Gäste mitwirken.»[67]

Im Gegensatz zu heute wird schon einmal vorsichtiger formuliert und mit «in der Regel» angedeutet, dass es Ausnahmen gibt, bei denen jemand anderes predigt. Darüber hinaus wird direkt im Anschluss die Möglichkeit genannt, dass auch Gemeindeglieder beim Gottesdienst – und nicht nur bei der Predigt – mitwirken können. Die heutige Regelung unterscheidet nicht zwischen Predigt und Leitung, sondern spricht nur von der Leitung. Auch wenn die heutige Formulierung im historischen Vergleich zurückhaltender scheint als die von 1978, hat die Thurgauer Kirche heute einen lebendigen Laienpredigtdienst. Dies zeigt auch, wie Kirchenordnungen nicht immer den Geist der Zeit widerspiegeln.

Generell gibt es trotzdem nicht nur lineare Entwicklungen von zunehmender Beteiligung von Laien an der Verkündigung sondern auch Auf- und Abwärtsbewegungen. Die ausgewählten Landeskirchen stehen an dieser Stelle nur als Beispiele repräsentativ für andere.

Wie sieht aber die gegenwärtige Lage in der Schweiz aus? Wo gibt es ehrenamtlich Verkündigende und wie unterscheiden sich die Rahmenbedingungen?

## 2. Gegenwart in der Schweiz

Es wird wenig überraschen, aber auch beim Prädikant:innendienst weht der Kantönligeist. Das fällt schon auf, wenn man die Bezeichnungen für die ehrenamtliche Verkündigung betrachtet. Die Kanto-

---

67 Kirchenordnung der Evangelischen Landeskirche des Kantons Thurgau vom 20. Februar 1978 (Stand 1. April 1979), 187.12, § 10,3–4; www.rechtsbuch.tg.ch/app/de/texts_of_law/187.12/versions/465 [16.05.2022].

nalkirchen, die diesen Dienst auf die eine oder andere Art kennen und verschieden bezeichnen, sind:

| Aargau | Laienpredigende |
| --- | --- |
| Appenzell (beide) | Prädikanten |
| Basel-Land | Laienpredigende (erste Ausbildungsrunde startet 2024) |
| Bern (RefBeJuSo) | Prädikanten |
| Genf | Laïcs (avec délégation pastorale) |
| Graubünden | Laienpredigende |
| Neuenburg | Permanents laïques |
| Schaffhausen | Laienpredigende |
| Solothurn | Prädikanten |
| St. Gallen | Prädikanten |
| Thurgau | Laien mit Predigterlaubnis / Erlaubnis z. GD-Leitung |
| Vaud | Prédicateurs laïques |
| Wallis | Laien |

So vielfältig wie die Bezeichnungen sind schliesslich auch die Regelungen und besonders die Kompetenzen, die den Laienpredigenden übertragen werden. In manchen Landeskirchen ist das Amt mehr institutionalisiert und dichter reguliert als in anderen, in manchen Kirchen sind die Prädikant:innen den Kompetenzen nach Verkündigende auf Augenhöhe mit den Pfarrpersonen, in anderen ist ihr Dienst auf einzelne Predigtgottesdienste ohne Sakramente begrenzt. Manche Landeskirchen legen viel Wert auf die Ausbildung und klare Vorgaben, andere handhaben das *en passant*. Diese grossen Unterschiede sind zum Teil Ausdruck dafür, dass dieser Dienst noch nicht in allen teilnehmenden Landeskirchen gleichermassen angekommen ist, sich mancherorts noch sehr in der Entwicklung befindet, während er andernorts bereits fester Bestandteil kirchlichen Lebens ist. Diese Vielfalt ist teils aber auch schlicht Ausdruck der örtlichen Gegebenheiten. Viele Stadtgemeinden kennen die ehrenamtliche Verkündigung gar nicht, weil sich hier in der Regel viele Pfarrpersonen auf wenige Predigtorte verteilen und somit eine «Knappheit» an Sonntagen herrscht. Es gibt dort traditionell wenig Spielraum für den Einsatz von Laienpredigenden und somit gibt es diesen Dienst oft nicht in den Städten. Doch auch bei den eher ländlich geprägten Kantonen zeigt sich keine Einheitlichkeit. Es gibt ländliche Kantonalkirchen, wo die Zahl von aktiven Laienpredigenden bis jetzt so gering ist (teils unter fünf), dass es eines dichten Regelwerks noch nicht bedurfte. Eine offene Frage ist, warum sich dort der Dienst noch nicht mehr etabliert hat, oder warum er noch nicht bekannter gemacht worden ist.

Um einen Eindruck davon zu bekommen, wie sehr sich die Dienste lokal unterscheiden, sollen hier einige der Themen, bei denen die Meinungen oder Regelungen auseinandergehen, aufgezeigt werden. Neben der Bezeichnung des Dienstes gibt es Unterschiede bezüglich:

- der grundsätzlichen Wahrnehmung des Amts als Ausnahme oder Aushilfe,
- der Berechtigungen für Laien generell ohne besondere Beauftragung,
- der Erlaubnis, die Sakramente zu verwalten und Kasualien zu übernehmen,
- der Frage, ob die Berufung zum Dienst zeitlich begrenzt ist,
- einer lokalen Beschränkung der Berufung auf eine Gemeinde oder auf das Gebiet der ganzen jeweiligen Landeskirche,
- der Ausbildung und der Frage, ob die Landeskirche eine generelle oder individuelle Ausbildung vorsieht, gar selbst anbietet.

Es ist jedoch anzumerken, dass sich die gelebte Praxis auf Gemeindeebene deutlich vom rechtlich Vorgesehenen unterscheiden kann. Das hat nicht zuletzt mit dem Umgang mit Kirchenordnungen in den

## 2. Gegenwart in der Schweiz

Schweizer Kantonalkirchen zu tun. Die Vielfalt der Bezeichnungen gibt bei genauerer Betrachtung keine Hinweise auf die Stellung des Dienstes in der jeweiligen Landeskirche oder auf die regulatorische Ausgestaltung. Um die Analyse abzukürzen: Es scheint, dass die Bezeichnungen teilweise ohne tiefgehende theologische Reflexion gewählt wurden. Beim Studium der Kirchenordnungen und Verordnungen für Laienpredigende lässt sich manchmal herauslesen, ob dieses Amt als Notnagel gedacht ist oder aus theologischer Überzeugung als gleichwertige Ergänzung zum Pfarramt. Es gibt einige wenige Landeskirchen, so St. Gallen und Schaffhausen, wo im Regelwerk für alle Laien (also nicht nur für berufene Prädikant:innen) so viele Mitwirkungsmöglichkeiten im Bereich der Verkündigung geschaffen werden, dass schlussendlich der Unterschied zwischen Gemeindeglied und beauftragten Laienpredigenden verschwindet. Bei anderen Landeskirchen ist dieser Unterschied stärker und es ist klar, dass Laien nach Möglichkeit eingebunden werden sollen, aber gewisse Aufgaben in der Regel nur von Pfarrpersonen oder beauftragten Laien übernommen werden können.

Theologisch wirklich überraschend sind die Unterschiede bei den Regelungen zur Sakramentsverwaltung. Dort variieren die Möglichkeiten zwischen eindeutigem «Ja», nur im «Ausnahme»fall und «Nein». Während bei der Taufe das Argument geltend gemacht werden könnte, die Pfarrperson allein sollte taufen, weil dadurch der seelsorgerliche Kontakt zu den Familien oder Elternteilen geknüpft wird und nach reformiertem Taufverständnis keine Eile besteht, d. h. der Tauftermin flexibel geplant werden könnte,[68] gibt es ein solches seelsorgerliches Argument beim Abendmahl nicht.

---

68  Natürlich kann diese Ausschliesslichkeit der Taufe durch Pfarrpersonen alleine historisch begründet werden, als das Taufregister für den Staat das Geburtenregister darstellte, doch sollte eine historische Begründung allein nicht als Gegenargument zu einer modernen Reform dienen.

## II. Prädi… was? Lückenbüssende oder Verkündigende auf Augenhöhe?

Nichtsdestotrotz gibt es Landeskirchen, wo das der Fall ist, oder wo es als absoluter Ausnahmefall deklariert wird. Manche Landeskirchen erwähnen diesen Punkt in ihren Kirchenordnungen gar nicht und es ist davon auszugehen, dass dort meistens die Sakramentsverwaltung als Teil des Amts angesehen wird. Im Thurgau gibt es die Regelung, dass das Abendmahl von dazu ausgebildeten Laien nur in Heimen, aber nicht in Sonntagsgottesdiensten gehalten werden darf. Im Aargau beschränkt man Taufe und Abendmahl auf «dringende Fälle»[69]. Was aus reformierter Sicht unter «dringend» zu verstehen wäre, ist nicht ausgeführt. Aber auch Schaffhausen und Solothurn sehen es als Ausnahme mit benötigter Sondergenehmigung an, wenn Laienpredigende die Sakramente verwalten.

Auch im Hinblick auf Kasualien, also Trauungen, Abdankungen, teils auch dazu gerechnete Heimgottesdienste oder Konfirmationsgottesdienste, unterscheiden sich die Landeskirchen. In fünf Landeskirchen können Laien diese explizit übernehmen, teils mit Einschränkungen oder als Ausnahme, bei weiteren ist es nicht explizit erwähnt, aber es ist bei einigen von diesen davon auszugehen, dass sie dazugehören, zwei Landeskirchen schliessen sie explizit aus (so RefBeJuSo und Thurgau). Die Gründe für einen Ausschluss können theologischer, seelsorgerlicher oder rein pragmatischer Natur sein, zum einen, um den Pfarrpersonen den direkten Kontakt zu den Brautpaaren oder Trauerfamilien zu ermöglichen, zum anderen, um die Prädikant:innen nicht zu überfordern. Als Beispiel für Letzteres sei der sich momentan in Überarbeitung befindliche Ausschluss von Heimgottesdiensten im Synodalverband Bern-Jura-Solothurn (RefBeJuSo) genannt, der bis jetzt –

---

69 LPDV (372.100) Landeskirche des Kantons Aargau vom 16. April 2009 (Stand 1. Januar 2018), § 4; www.ref-ag.ch/srla/372.100_Verordnung_LP_Dienst_LPDV.html [08.02.2022].

so wird argumentiert – existiere, weil diese nicht Teil der Ausbildung seien.

In den deutschen Landeskirchen gehören Kasualien, soweit ich es überblicke, weitestgehend zum Portfolio der Prädikant:innen und diese spielen für die flächendeckende Versorgung eine bedeutende Rolle. Ändert sich nichts an der Pfarrnachwuchssituation, bzw. vereinfacht die Kirche nicht den Zugang zum Pfarramt durch einen wirklich attraktiven Quereinstieg, dann wird der Bedarf an Verkündigenden im Bereich der Kasualien in kürzester Zeit stark zunehmen und Prädikant:innen werden aus einer Not heraus sehr wahrscheinlich auch dort Kompetenzen zugesprochen bekommen, wo dies bis jetzt noch nicht der Fall ist. Das wäre nicht das erste Mal, dass sich Kirchen mit der praktischen Umsetzung ihrer Theologie schwertun und erst durch äussere Umstände dazu gedrängt werden.

Auch gibt es Landeskirchen, wo die Prädikant:innen im gesamten Kantonsgebiet als Wanderpredigende unterwegs sind, und solche, die den Dienst auf die eigene Gemeinde oder die unmittelbare Umgebung beschränken. In manchen Kirchen sind die Berufungen auf Zeit mit Möglichkeit der Wiederberufung (oder Wahl) und in anderen Kirchen sind sie unbefristet.

Bedeutender aber sind die Unterschiede bei den Ausbildungsanforderungen und den zur Verfügung stehenden Weiterbildungsmöglichkeiten. In diesem Bereich haben mehrere Landeskirchen noch keine festen Programme entworfen, sondern sie verlassen sich auf individuelle Absprachen und Vereinbarungen unter Berücksichtigung der Vorbildung, eventuell verbunden mit einem Mentorat oder die benötigte Vorbildung wird bereits vorausgesetzt. Andere Kirchen hingegen setzen auf feste Ausbildungsprogramme. So Ref-BeJuSo, die auf ein zusammengestelltes Portfolio aus Modulen ihres Ausbildungsprogramms RefModula[70] baut. Dazu gehören unter

---

70 Dies ist ein landeskirchliches Ausbildungswerk, das in modularen Ausbildungsgängen für die Ausbildung von Prädikant:innen, Katechet:in-

II. Prädi… was? Lückenbüssende oder Verkündigende auf Augenhöhe?

anderem Einführungen in Bibelwissenschaften, systematisch-theologische Fragen, ebenso wie Liturgie und Predigt. Die Kirchen der Kantone Aargau, Basel-Land (noch im Prozess) und in gewissem Mass Graubünden setzen auf den Theologiekurs, den Kandidat:innen absolvieren sollen, teils mit Ergänzung homiletischer und liturgischer Kurse. Appenzell, Schaffhausen und Thurgau kooperieren bei Weiterbildungsprogrammen mit St. Gallen und das Wallis für Aus- und Weiterbildung mit RefBeJuSo. Daneben gibt es Kirchen, die das Thema Ausbildung zumindest in ihren Verordnungen offenlassen, was nicht immer bedeutet, dass es gar keine Regelungen gibt. Die Mehrheit der Kirchen verpflichtet ihre Laienpredigenden jedoch zu Weiterbildungen und manche eröffnen ihnen auch den Zugang zu den Weiterbildungen für Pfarrpersonen. Dieses Gebiet der Ausbildung ist sehr dynamisch aber mit Sicherheit eines, bei dem deutlich mehr Kooperation zwischen den Landeskirchen wünschenswert wäre. Eine gründliche Ausbildung ist zentral für einen erfolgreichen Dienst und sollte mehr Aufmerksamkeit erlangen. Ausbildungsprogramme müssen nicht immer neu erfunden oder selbst bereitgestellt werden. Auch Landeskirchen, wo es ein festes Programm gibt, z. B. in Bern, würden von Kooperationen profitieren, da so eventuell mehr Kurse oder häufigere Programmbeginne möglich würden. Das hiesse, dass Interessierte, die einen Programmbeginn gerade verpasst haben, nicht zwei Jahre warten müssten. Auch für spezifische Ausbildungs- bzw. Weiterbildungsmodule wie Heimgottesdienste oder im Bereich der Kasualien könnten Kooperationen besonders fruchtbar sein. Es gibt viel zu tun auf diesem Gebiet, aber auch viel Potenzial und viel zu gewinnen.

---

nen, Sozialdiakon:innen und auch für Weiterbildungsangebote für Kirchgemeinderät:innen und andere kirchliche Mitarbeitende im Ehrenamt oder Hauptamt zuständig ist. Für die Ausbildungsstruktur von RefModula für Prädikant:innen siehe www.refmodula.ch/refmodula-fuer/praedikantinnen-praedikanten [02.10.2023].

## 2. Gegenwart in der Schweiz

Nach diesem Blick in die Vergangenheit und auf die Situation in der Gegenwart wird im nächsten Kapitel über das Amt der Verkündigung in Haupt- und Ehrenamt nachgedacht.

# III. Das eine Amt und die vielen Berufungen: Zauberwort Partizipation

## 1. Unsicherheiten im Rollenverständnis

«Um sich seine Kirche zu sammeln und zu gründen, sie zu leiten und zu erhalten, hat Gott immer Diener verwendet, bedient sich solcher auch heute noch und solange es eine Kirche auf Erden gibt. Deshalb ist Ursprung, Einsetzung und Amt der Diener von höchstem Alter und rührt von Gott selbst her, ist also nicht eine neue oder bloß menschliche Ordnung [...] Doch müssen wir uns auch wieder davor hüten, daß wir nicht dem Diener und dem Amt zu viel zuschreiben [...].»[71]

Während in Deutschland mehrfach eine hitzige Ämterdebatte und zuletzt vor bald 15 Jahren eine Ordinationsdebatte geführt wurden,[72] sind die reformierten Kirchen der Schweiz bei diesen Fragen

---

71  Aus dem 18. Kapitel der *Confessio Helvetica Posterior:* Bullinger, Das Zweite Helvetische Bekenntnis, 87 f.
72  Die Diskussion entzündete sich besonders an einem Positionspapier der EKD: Bischofskonferenz der VELKD: «Ordnungsgemäß berufen». Eine Empfehlung der Bischofskonferenz der VELKD zur Berufung zu Wortverkündigung und Sakramentsverwaltung nach evangelischem Verständnis, Hannover 2006. Kerntexte zur Debatte kamen u. a. von: Körtner, Ulrich H. J.: Kirchenleitung und Episkopé. Funktionen und Formen der Episkopé im Rahmen der presbyterial-synodalen Ordnung evangelischer Kirchen, in: Kerygma und Dogma 52 (2006), 2–24; daneben viele Stellungnahmen zu diesem Artikel, u. a.: Grethlein, Christian: Praktisch-theologische Anmerkungen zu Ulrich Körtners Überlegungen, in: Kerygma und Dogma 52 (2006), 72–75; Dietz, Walter: Stellung-

III. Das eine Amt und die vielen Berufungen: Zauberwort Partizipation

etwas entspannter unterwegs. Es ist allerdings allen Beteiligten klar, dass es sich beim reformierten Verkündigungsamt um eine Funktion mit Rechten und Pflichten handelt und nicht um einen privilegierten Stand. Und auf die ein oder andere Weise sind sich auch die meisten bewusst, dass es eher um die Pflichten geht und dass die Rechte prinzipiell auch den Menschen ohne Amt zustehen. Und trotzdem berichten Laienpredigende von Pfarrpersonen, die sich aufs Genaueste darum bemühen, ihre vermeintlichen Privilegien zu hüten und die Vertretungen bei Sakramenten oder anderen besonderen Gottesdiensten mit Verweis auf den Laienpredigenden-Status ablehnen.[73] Trotzdem gibt es auch Gemeindeglieder, die sich bei der Gemeinde erkundigen, ob denn eine Taufe durch einen Prädikanten auch wirklich und vollumfänglich gültig sei und so seine Ordnung habe. Und schliesslich sieht man zunehmend mehr Kollarhemden bei reformierten Pfarrpersonen, die zumindest traditionell ein Zeichen des Weihepriestertums sind und damit der Unterscheidung von Laien dienen (was nicht heisst, dass Traditionen sich nicht auch ändern können und auch ein Kollarhemd funktional definiert werden kann).[74] Doch wie kommt es zu diesen berichteten Ungereimtheiten in Bezug auf die Stellung des Pfarramts gegenüber dem ehrenamtlichen Verkündigungsamt? Die oben bereits gestellte

---

nahme zum Thesenpapier Ulrich Körtners «Kirchenleitung und Episkopé», in: Kerygma und Dogma 52 (2006), 63–71; Wenz, Gunther: Magno dissensu docent?, in: Kerygma und Dogma 52 (2006), 58–62; Schneider, Nikolaus / Lehnert, Volker A.: Berufen – wozu?, 2. Aufl., Neukirchen-Vluyn 2011.

73 Dies wurde in qualitativen Leitfadeninterviews, die im Rahmen meines Dissertationsprojekts geführt wurden, mehrfach angesprochen.
74 Vgl. meinen Blog-Beitrag beim Kompetenzzentrum Liturgik: Stephany, André: Neue Mode auf dem reformierten Laufsteg. Das Kollarhemd ist in; http://liturgikblog.unibe.ch/index.php/2023/05/17/neue-mode-auf-dem-reformierten-laufsteg-das-kollarhemd-ist-in/ [07.02.2024].

Frage nach Lückenbüssenden oder Verkündigenden auf Augenhöhe stellt sich da erneut. Mehrere Prädikant:innen haben klar den Eindruck, sie seien Lückenbüssende, Notnägel, letzte Hilfe für die unbeliebten Gottesdiensttermine nach Ostern, nach Weihnachten und in den Sommerferien und eben nicht Verkündigende auf Augenhöhe, die für ihr eigenes Profil und den Mehrwert durch ihren persönlichen Hintergrund und ihre andere Perspektive geschätzt werden.

Da scheint es eine Unstimmigkeit zu geben zwischen offizieller reformierter Theologie des Amts und gelebter Praxis bzw. überkommenen Privilegien. Schnell sind bei Diskussionen um Kompetenzen der Verkündigung Emotionen im Spiel und Prädikant:innen sehen sich Vorwürfen ausgesetzt, sie wollten sich die Rosinen des Pfarrberufs herauspicken.[75]

«Bilden die Laien für die Kirche ein ungelöstes Problem, so ist der Heilige Geist für die Theologie eine schier unbekannte Grösse.»[76] So verortete Rudolf Bohren die Fragen um die Rolle der Lai:innen in der Kirche. Doch bei den Ungereimtheiten zwischen dem Amt von Pfarrpersonen und dem von Laienpredigenden scheint das Problem weniger durch Unklarheiten rund um das ehrenamtliche Verkündigungsamt als durch Unklarheiten der Pfarrpersonenrolle verursacht zu sein.[77] Reiner Knieling untersuchte die Ordina-

---

75 Befragt man Pfarrpersonen, weisen sie oft auf ihr langes Studium hin und fragen, wozu das gebraucht würde, wenn man auch ohne ein solches Gottesdienst halten könne. Zudem beklagen sie ein forderndes Auftreten von manchen Prädikant:innen.
76 Bohren, Laienfrage und Predigt, 11.
77 Rainer Marquard sieht das Problem hingegen bei einer Profilunschärfe des Prädikantendienstes. Vgl. Marquard, Rainer: Der Lektoren- und Prädikantendienst unter veränderter ‹religiöser Straßenverkehrsordnung›, in: Deutsches Pfarrerblatt 6 (2000), 307–309, hier: 307.

tionsdebatte im ersten Jahrzehnt der 2000er Jahre auf emotionale Themen und «Unterströmungen». Er zieht folgenden Schluss:

> «Es geht in der Ordinationsdebatte nicht nur um historische und theologische Argumente, wie sie detailliert, hilfreich und differenziert in den einzelnen Diskussionsbeiträgen zu finden sind, sondern es geht auch um menschliche Wünsche, um Ängste und schmerzliche Verletzungen, um unterschwellige Motive und verborgene Interessen, die in der Diskussion m. E. eine wesentlich stärkere Rolle spielen, als es offiziell eingestanden wird.»[78]

Viele Pfarrpersonen sind unsicher, was ihre Rolle ist in dieser Zeit gesellschaftlicher Veränderungen und eines gewissen Bedeutungsverlusts der Kirche und ihrer Amtsträger:innen. Die Perspektive, in Zukunft überregionaler als Koordinator:in wirken zu müssen, als überregionales «Gesicht der Kirche»[79], während die Freiwilligen das Gesicht vor Ort wären, und die Rolle als theologischer Coach für theologisch weniger ausgebildete Mitarbeitende in den Kirchgemeinden, spricht viele Pfarrpersonen nicht an. Gleichzeitig haben strukturelle Veränderungen bereits eingesetzt und machen sich im

---

[78] Knieling, Rainer: Amtsverständnis und Verlustängste. Ein Beitrag zu den Unterströmungen in der Ordinationsdebatte, in: Deutsches Pfarrerblatt 107 (2007), 6–8, hier: 7.

[79] Vgl. Rebert, Christian: Perspektiven für ehren- und nebenamtliche Verkündigung. Versuch der Vermessung eines verminten Geländes, in: Pastoraltheologie 110/4 (2021), 168–190, hier: 185. Anders: Plüss, David: Distanzierte Kirchenmitglieder und das Priestertum aller Gläubigen. Religionssoziologische und theologische Erwägungen, in: Kunz, Ralph / Zeindler, Matthias (Hg.): Alle sind gefragt. Das Priestertum aller Gläubigen heute [denkMal Bd. 9], Zürich 2018, 99–110, hier: 109. Für ihn sind die Pfarrpersonen generell «das Gesicht der Kirche», und das in besonderem Masse für Kirchendistanzierte.

Pfarralltag bemerkbar. In dieses sich schnell wandelnde Feld treten dann Laienpredigende und bekommen die Unsicherheiten des Umbruchs zu spüren. Es wäre zu wünschen, dass es auch in der Schweiz zu einer offenen und tiefgehenden Ämter- und Ordinationsdebatte käme, um das Verkündigungsamt zu definieren und sein Profil zu schärfen, nicht durch Abgrenzung,[80] sondern durch Kompetenzen, die andere zur Entwicklung befähigen und Teilhabe fördern, statt verhindern.

## 2. Die reformierte One-Man/Woman/Person-Show

> «Die These vom allgemeinen Priestertum ist in die reformatorische Ekklesiologie eingegangen, doch so, dass sie ihre emanzipatorische Kraft verlor und der Vorrangsstellung [sic] des geordneten Amtes nicht mehr widersprach.»[81]

Ein Ausdruck dieser verlorenen emanzipatorischen Kraft sind Gottesdienste, in denen die Mitfeiernden eine One-Man/Woman/Person-Show erleben. Die Potenziale von Gottesdiensten, möglichst viele Menschen aktiv in die Gestaltung miteinzubinden, werden selten genutzt. Dabei sind das Teilen von Verantwortung, das Ausrüsten von Menschen und das Beteiligen der Gemeinde am Fest des Gottesdienstes in tragender Rolle wichtige Mittel, um den Gottesdienst als ein für sie relevantes Ereignis zu etablieren, bei dem Gemeinschaft erfahrbar und das Wir-Gefühl gestärkt wird. Der Nebeneffekt ist, dass die Beteiligten als Lektor:innen (hier im Sinne

---

80 Vgl. Todjeras, Patrick: Von der Urlaubsvertretung zum theologischen Schlüssel-Dienst in der lokalen Gemeinde. Prädikant:innen in Kirchenentwicklungsprozessen, in: Pastoraltheologie 112/2023, 97–118, hier: 107.
81 Barth, Priester, 50.

III. Das eine Amt und die vielen Berufungen: Zauberwort Partizipation

von Bibellesenden im Gottesdienst) oder als Mitglieder in einer Fürbitt-Vorbereitungs-Gruppe oder als Begrüssende oder in einer anderen Funktion liturgische Kompetenzen erwerben und in die Gemeinde hineintragen. Für das Argument, es bedeute einen Mehraufwand in der Vorbereitung, wäre zu überprüfen, ob es tatsächlich mittelfristig und vor allem langfristig nicht ganz im Gegenteil zu einer Entlastung führen oder zumindest ausgewogen bleiben würde.

Um hier eine Fehlannahme zu vermeiden: Nur weil Gottesdienste von Prädikantinnen oder Prädikanten geleitet werden, sind sie nicht automatisch partizipativer. Auch diese können in gleichem Masse eine Show Einzelner sein.[82] Manchmal sind sie dies in besonderem Masse, weil Prädikant:innen als «Wanderpredigende» nicht einfach jemanden aus der Gemeinde fragen können, ob sie die Lesung übernehmen oder bei den Fürbitten mitwirken. Es fehlen oft die Kontakte vor Ort. Möchten sie in Gemeinden, wo sie zu Besuch sind, partizipative Gottesdienste organisieren, bedarf es besonderen Engagements und viele Laienpredigende bringen deshalb ihren Lektor, ihre Lektorin gleich aus dem Familien- oder Freundeskreis mit. Sind Prädikantinnen und Laienpredigende jedoch in einer Gemeinde gut vernetzt, agieren sie oft als Animatorinnen und Motivatoren für mehr Beteiligung. Verschiedene ehrenamtliche Verkündigende laden Gemeindeglieder zur Mitgestaltung ihrer Gottesdienste ein, organisieren gar von Grund auf liturgische Feiern, die keine Leitung, sondern paritätisch verteilte liturgische Rollen haben. Das tun natürlich auch Pfarrpersonen, doch die Existenz von Prädikantinnen und Prädikanten, bei denen das Gefühl, «der/die ist ja eine:r von uns», noch stärker vorhanden ist als bei den Pfarrpersonen, kann Hemmungen nehmen und Mut machen. Sie sind Vorbilder, die modellieren, wie auch Gemeindeglieder das liturgische

---

82  Vgl. Fuhrmann, Grenzgänger, 164.

Leben aktiv mitgestalten können. Über das Evangelium und Glaubensfragen öffentlich zu sprechen wird durch den Dienst von Laienpredigenden aus der Gemeinde entmystifiziert und demokratisiert. Ebenso wird durch ihren Dienst deutlich, dass es sich beim Gestalten von Gottesdiensten und Andachten, liturgischen Feiern aller Art, um kein Geheimwissen handelt, sondern um erlernbares Handwerk.

Schütz kritisiert zu Recht, dass in den Diskussionen um die Notwendigkeit ehrenamtlicher Verkündigung häufig alles an die momentane Lage auf dem Stellenmarkt für Pfarrpersonen gehängt wird.[83] Das Argument wäre hingegen, dass Laienpredigende gebraucht werden, auch wenn es eigentlich keine Lücken im Predigtplan gibt. Für sie müssen Lücken geschaffen werden, weil sie zusätzlich zu ihrer anderen Perspektive allein durch ihr Wirken für die Gemeinde eine wichtige Modell-Rolle übernehmen.

## 3. Die Einheit des ordinierten Amts

Während in Partnerkirchen die Ordination ins Amt der öffentlichen Verkündigung schon lange mit verschiedenen in der Ordination enthaltenen Beauftragungen ausdifferenziert ist,[84] spielt in Deutschland und der Schweiz die Einheit des ordinierten Amts eine zentrale Rolle.[85] Die evangelischen Kirchen in der Schweiz und in

---

83 Vgl. Schütz, Miteinander wirken, 72.
84 So in der presbyterianischen *Church of Scotland* oder der anglikanischen *Church of England*. Vgl. dazu auch: Sautter, Keine Angst, 299 und Todjeras, Urlaubsvertretung, besonders 105.
85 Besonders betont in VELKD (Hg.), Ordnungsgemäß, u. a. IV und 17. In der Schweiz können in einzelnen Landeskirchen Diakon:innen oder auch Katechet:innen ordiniert werden, aber auch dort wird betont, dass sie Anteil haben am einen Amt. Vgl. zur Perspektive der Schweiz

III. Das eine Amt und die vielen Berufungen: Zauberwort Partizipation

Deutschland üben sich dabei in einem Spagat. Sie möchten an der Vorstellung eines einzigen Verkündigungsamts festhalten, aber gleichzeitig das Studium der ordinierten Pfarrpersonen durch entsprechende Kompetenzen und Verantwortung würdigen und von ehrenamtlichen Verkündigenden absetzen. Die meisten deutschen Landes- und Schweizer Kantonalkirchen kennen dadurch einen Unterschied zwischen Ordination und Berufung zu diesem Verkündigungsamt. Manche Theolog:innen halten diese Konstruktion des einen Amts mit zwei Zugängen und unterschiedlichen Kompetenzen für gut tragbar,[86] andere sehen darin eine Spannung, die aufgelöst werden muss.[87]

---

Wüthrich, Matthias: Ordination in reformierter Perspektive. Hg. v. Schweizerischer Evangelischer Kirchenbund SEK [SEK Position 10], Bern 2007, 44; 46.

86 Vgl. u. a. Brunotte, Heinz: Das Amt der Verkündigung und das Priestertum aller Gläubigen, in: Bekenntnis und Kirchenverfassung. Aufsätze zur kirchlichen Zeitgeschichte 3, Göttingen 1977, 210–239, hier: 223: «Der examinierte und ordinierte Theologe im Kirchenamt [...] ist durch seine Vokation und Ordination befugt, *alle* Funktionen auszuüben, die sich aus dem *ministerium* überhaupt ergeben können. Die übrigen aus dem *ministerium* abzuleitenden Ämter sind dagegen auf ein Teilgebiet der Funktionen beschränkt.»

87 Vgl. u. a. Sautter, Keine Angst, 289: «Wichtig erscheint mir bei der Diskussion um die Ordination folgendes: Unsere zentrale Frage bei den Überlegungen kann nicht die Sorge sein, wie wir das Proprium des verbeamteten Pfarramtes schützen, sondern die Frage muss sein: Welches Verständnis von Ordination ist dem kirchlichen Amt aus evangelischer Sicht angemessen, und wie muss das Amt gestaltet sein, damit es dem Auftrag der Kirche in dieser Welt dient? [...] Mit der Entstehung des Prädikantendienstes hat sich der Personenkreis der *besonders* Beauftragten jedoch erweitert. Die Streitfrage ist nun, ob unter den *besonders* Beauftragten noch einmal begrifflich differenziert werden soll zwischen Ordinierten und (nur) Beauftragten.»

## 3. Die Einheit des ordinierten Amts

Die anstehenden Herausforderungen für Pfarramt und Kirche drängen zu einer grundlegenden Diskussion dieser Frage. Das Ergebnis einer solchen Diskussion hat unmittelbar auch Auswirkungen auf die formale Gestaltung und Stellung des Prädikant:innen-Dienstes. Hält man daran fest, dass es *eine* Ordination zu *einem* universalen Amt der Verkündigung gibt, so wäre es konsequent, wenn Prädikantinnen und Prädikanten an diesem durch ihre Berufung vollen Anteil hätten. Das würde jedoch bedeuten, dass konsequenterweise auf eine stärkere Gleichstellung hingearbeitet werden müsste. Existierende Einschränkungen bei Fragen der Sakramentsverwaltung oder von Kasualien müssten behoben werden und in der Praxis der Einsatzplanung dürfte es nicht zum Eindruck des Lückenbüssens kommen. Laienpredigende wären dann in einer, wenn auch ehrenamtlichen, Dienstgemeinschaft mit Pfarrpersonen und würden mit ihnen Verantwortung tragen für das Leben der Gemeinden.[88]

Zu fragen wäre, welchen Unterschied die verschiedenen Ausbildungen machen würden.[89] Durch das Anstellungsverhältnis von

---

88 Vgl. Hofmann, Beate: Die Bedeutung kirchlicher und theologischer Arbeit stärken, in: Der Pfarrdienst in der Dienstgemeinschaft der Kirche, hg. v. Beese, Dieter/Kurschus, Annette, Bielefeld 2018, 133–138. Und Sautter schreibt: «Prädikantinnen und Prädikanten sollten nicht nur für Vertretungsdienste herangezogen werden, sondern als *Teil des pastoralen Teams innerhalb eines Dekanats oder Ortes* gesehen werden.» Sautter, Keine Angst, 301 (Kursivsetzung im Original).

89 Vgl. dazu die Meinung von Klueting, Öffentliche Wortverkündigung, 25 f.: «Nimmt man Luthers Auffassung vom Allgemeinen Priestertum, die Wittenberger Ordinationspraxis von 1535 und das Ordinationsverständnis Luthers sowie das Amtsverständnis von CA XIV, so läßt sich die öffentliche Wortverkündigung und Sakramentsverwaltung im Ehrenamt heute nicht als Ausdruck von Allgemeinem Priestertum verstehen und dem Pfarramt als Ausdruck von Amtskirchlichkeit gegenüberstellen. Unabhängig davon, ob für die Ehrenamtlichen von Ordination, Vokation oder Beauftragung die Rede ist, haben beide, der hauptamt-

III. Das eine Amt und die vielen Berufungen: Zauberwort Partizipation

Pfarrpersonen und den Status der Freiwilligkeit von Laienpredigenden würde es funktional weiterhin den Unterschied geben, dass Pfarrpersonen als Studierte und Angestellte schlussendlich dafür verantwortlich sind, die Abdeckung aller Aufgaben des Verkündigungsamts zu garantieren. Ehrenamtliche Laienpredigende in Dienstgemeinschaft wären weiterhin frei, Anfragen für Dienste auch abzulehnen. Pfarrpersonen würden stärker als jetzt schon, ihre erworbenen Kompetenzen aus Studium und Ausbildung zur Schulung der ehrenamtlichen Mitarbeitenden einsetzen und die Rolle von Mentor:innen und Coaches einnehmen. Beide zusammen würden aber bei der Entwicklung des geistlichen Gemeindelebens kooperieren. Prädikant:innen wären dann nicht mehr nur für Einzeldienste zum Einsatz kommende Aushilfen, sondern Teammitglieder. Dieses Vorgehen entspräche dem Konzept der Dienstgemeinschaft, wie es in Deutschland häufiger diskutiert wird.[90] «Das Pfarramt ist die *professionelle Konkretion* des *einen* Predigtamtes und des *einen* Priestertums, das alle Christen miteinander teilen.»[91] Das Prädikant:innen-Amt wäre in dem Fall die ehrenamtliche Konkretion des einen Predigtamts. Die Ordination ehrenamtlicher Verkündigender wäre bei dieser Entscheidung konsequent.[92]

---

    liche Pfarrer (die hauptamtliche Pfarrerin) und der ehrenamtliche Prediger (die ehrenamtliche Predigerin), das Amt nach CA V und XIV, das für beide gleichermaßen im Allgemeinen Priestertum grundgelegt ist und in beiden Fällen eine Beauftragung und eine vorhergehende Prüfung – und Ausbildung – zur Voraussetzung hat. Der Unterschied liegt nur in der hauptamtlichen bzw. ehrenamtlichen Wahrnehmung des Amtes und im Umfang der Prüfung bzw. der Gründlichkeit der Ausbildung.»

90  Vgl. Schütz, Miteinander wirken.
91  Karle, Isolde: Der Pfarrberuf als Profession. Eine Berufstheorie im Kontext der modernen Gesellschaft [Praktische Theologie und Kultur Bd. 3], 2. Aufl., Gütersloh 2001, 147 f. (Kursivsetzung im Original).
92  Gunther Wenz sieht die Ordination als Voraussetzung für die Übernahme des Verkündigungsauftrags. Er hält funktionale Unterscheidun-

## 3. Die Einheit des ordinierten Amts

In der Schweiz wird eine so weitgehende Annäherung bis jetzt kaum diskutiert und nur in wenigen Gemeinden in Ansätzen gelebt. Dabei wird aber weiterhin an der Vorstellung eines Amts festgehalten, ähnlich wie in der EKD. Die einen werden zum Verkündigungsamt ordiniert, die anderen beauftragt.[93] In der EKD sind neue Überlegungen zur Ordination und auch zu einer Ordination ins Ehrenamt bereits in Diskussion[94] und, u. a. im Rheinland, auch schon in der Praxis angekommen. So heisst es im EKD-Papier «Kirche der Freiheit»: «Neue Möglichkeiten entstehen im Blick auf die in den ehrenamtlichen Dienst Ordinierte; [...] Pfarrer und Pfarrerinnen, die eine gewisse Lebenszeit in anderen Berufen oder mit anderen Herausforderungen zu tun hatten, sind ein Gewinn für die evangelische Kirche.»[95] Die Frage ist, wie weit die Vorstellung der Einheit des Amts durch funktionale Unterschiede bei angeblicher Gleichwertigkeit gedehnt werden kann, bevor sie zerbricht. Ansonsten wäre zu überlegen, ob die Idee der Einheit des Amts aufzugeben ist und es eine neue Amtstheologie bräuchte, eventuell eine, die auch vor der Vorstellung eines *Clerus Minor* nicht zurückschreckt.[96]

---

gen beim Auftrag sogar im Fall der Ordination von Laienpredigenden für vereinbar und gar notwendig: «Beauftragung mit dem öffentlichen Verkündigungsamt und Ordination sind theologisch geurteilt ein und dasselbe. Das schliesst nicht aus, dass hinsichtlich der Ausübung des öffentlichen Verkündigungsauftrags Unterschiede gemacht werden und tatsächlich gemacht werden müssen.» Wenz, Rite vocatus/a, 64.

93 Vgl. VELKD (Hg.): Ordnungsgemäß, 18 und Wüthrich, Ordination, besonders 71.
94 A. a. O., 22 f.
95 Kirchenamt der EKD (Hg.): Kirche der Freiheit. Perspektiven für die evangelische Kirche im 21. Jahrhundert. Ein Impulspapier des Rates der EKD, Hannover 2006, 74.
96 Vgl. Sautter, Keine Angst, 291 und 300. Er macht Mut zur Differenzierung bei der Ordination und Ausdifferenzierung des Amts. Auch Christian Grethlein kann sich eine weitere Ausdifferenzierung auch

## 4. Clerus Minor, was kann das sein?

Der *Clerus Minor* setzt(e)[97] sich in der römischen Kirche aus Ämtern der niederen Weihen *(ordines minores)* zusammen. Dazu gehörte der Subdiakon oder die Acolythen. Seit Papst Paul VI. können diese Aufgaben auch Laien ohne niedere Weihen übernehmen.

Die evangelischen Kirchen in Deutschland und der Schweiz haben sich stets gescheut, mit Ausnahme des Diakonats oder in einigen Kantonalkirchen der Schweiz dem Amt der Katechet:innen, eine weitere Differenzierung des ordinierten Verkündigungsamts anzugehen. Doch ein Blick ins europäische Ausland zeigt, dass dies bei Partnerkirchen bereits Praxis ist. In der *Church of Scotland*[98] gibt es neben den hauptamtlichen Ordinierten mit theologischem Studium, die für die Kirche universal einsetzbar sind und zur geistlichen Leitung in den Gemeinden berufen werden *(Ministers of Word and Sacrament),* auch ein ordiniertes Amt für ehrenamtliche Pfarrpersonen, die mit einer kürzeren theologischen Ausbildung zur Mitarbeit in ihrer Ortsgemeinde berufen und wie die Hauptamtlichen auch mit der Verwaltung der Sakramente beauftragt werden *(Ordained Local Ministry).*[99] Daneben gibt es ordinierte Diakon:innen, die zu

---

nach Studienabschlüssen vorstellen: Vgl. Grethlein, Christian: Pfarrer – ein theologischer Beruf, Frankfurt a. M. 2009, 120. Auch bei einer Ausdifferenzierung des Verkündigungsamts wird meist an der Einheit des Amts festgehalten. So auch Wüthrich und der SEK (heute EKS), der mehrere funktional verschiedene Ordinationen zu Diensten des einen Amts für möglich hält. Vgl. Wüthrich, Ordination, 68.

97 Seit dem Pontifikat Pauls VI. gibt es die niederen Weihen eigentlich nicht mehr, doch sie leben in bestimmten Institutionen fort.
98 Vgl. Recognised Ministries in the Church of Scotland; www.churchofscotland.org.uk/serve/ministries-in-the-church [04.05.2023].
99 Vgl. zum Konzept des *Ordained Local Ministry* auch: Todjeras, Urlaubsvertretung, 97–118, besonders: 105.

## 4. Clerus Minor, was kann das sein?

Wort und Dienst *(Word and Service)* berufen sind und auch Kasualien übernehmen können, und schliesslich *Readers,* also ehrenamtliche Prädikant:innen, die nicht ordiniert sondern beauftragt werden, und denen Sonntagsvertretungen auf Anfrage von Gemeinden obliegen, ohne Beauftragung zur Sakramentsverwaltung, aber mit der Möglichkeit der Übernahme von Kasualien. Die *Church of Scotland* hat sich mit diesem Modell für eine vierfache Differenzierung innerhalb des Verkündigungsamts entschieden. Zwei der Ämter sind ehrenamtlich *(Ordained Local Ministry/Readers),* zwei sind in der Regel hauptamtlich oder zumindest in einem Anstellungsverhältnis *(Ministers of Word and Sacrament/Deacons),* drei werden ordiniert und eines beauftragt.

In der Schweiz gibt es Unterschiede in den Kompetenzen, die Laienpredigenden übertragen werden. Zum Teil dürfen sie die Sakramente verwalten, zum Teil Kasualien übernehmen, und in anderen Regionen nicht. In jeder Region gestaltet sich das Miteinander von Laienpredigenden und Pfarrpersonen und das (Selbst-)Verständnis des Amts und der Dienste (oder Ämter?) anders.

Eine Frage ist, ob eine klare Differenzierung wie in der *Church of Scotland* nicht klarere Verhältnisse zwischen Pfarrpersonen und Laienpredigenden und Diakon:innen schaffen würde. Pfarrpersonen sind mit der geistlichen Leitung der Gemeinde beauftragt und für die Versorgung mit Gottesdiensten und Kasualien zuständig. Diakon:innen sind mit besonderen Aufgabengebieten, vor allem an den Rändern der Gesellschaft beauftragt und wirken unterstützend bei Kasualien mit. Prädikant:innen sind ehrenamtlich tätig, unterstehen der geistlichen Leitung der Pfarrpersonen und wirken in den Gemeinden auf Anfrage für Sonntagsgottesdienste und Kasualien. Wer sich berufen fühlt, kollegial und mit mehr Verantwortung für eine Gemeinde mit den Pfarrpersonen zusammenzuarbeiten und auch die Sakramente zu verwalten, könnte in der Ausbildung einen Schritt weitergehen, ohne gleich das gesamte Theologiestudium mit Vikariat absolvieren zu müssen, und eine auf Lebenszeit ordinierte Beauftragung als lokal gebundene:r *Ordained Local Minister* anzustreben. Als solche würden sie mit den Pfarrpersonen und den Diakon:innen im Team zusammen wirken und das Gemeindeleben in Zusammenarbeit gestalten. Durch die klare Benennung der Dienste, ihrer Aufgaben und auch ihrer hierarchischen Abhängigkeiten, gäbe es klarere Verhältnisse und die unausgesprochene Zweiklassen-Verkündigung hätte ein Ende, da jeder der Dienste seinen Auftrag in der Verkündigung hätte und der Blick frei würde, sich auf die gegenseitige Bereicherung zu konzentrieren, anstatt auf Kompetenzstreitigkeiten.

Das Amt des *Readers* hat in diesem System deutlich und gewollt einen reinen Aushilfscharakter, während die ins Ehrenamt ordinierten und lokal gebundenen Mitarbeitenden einen weitergehenden Auftrag haben und mit der hauptamtlichen Pfarrperson den Verkündigungsauftrag kollegial wahrnehmen. Das entspräche auch den verschiedenen Berufungen unter den momentan als Prädikant:innen tätigen Personen, von denen manche gerne mehr machen würden und andere mit Sonntagsvertretungen als «Wanderpredigende» zufrieden sind.[100] Auch in der Schweiz könnte durch einen weiter vereinfachten, das heisst niederschwelligeren Quereinstieg ein weiteres ordiniertes Amt, entsprechend des *Ordained Local Ministry* in der *Church of Scotland* geschaffen werden. Damit würde die theologische Kompetenz der Volltheolog:innen gewürdigt und in ihrer Funktion als hauptamtlich angestellte geistliche Leitung fruchtbar gemacht, während ihr Wirken durch die Mitarbeit weiterer ordinierter *Local Ministers,* Diakon:innen und durch beauftragte Prädikant:innen ergänzt und bereichert würde. Ebenfalls würden die Vereinbarungen der Mitglieder der Gemeinschaft Evangelischer Kir-

---

100 Dies ist ein weiteres Ergebnis der qualitativen Interviews im Rahmen meines Dissertationsprojekts, woraus sich keine quantitativen Schlüsse ziehen lassen.

chen in Europa (GEKE) Anwendung finden, welche die Verwaltung der Sakramente an die Ordination knüpfen, wobei sie auch eine Ordination ins Ehrenamt für möglich halten.[101]

Der vorgeschlagene Begriff des *Clerus Minor* ist zu diesem Zweck passend und missverständlich zugleich. Schon im Namen liegt die historisch im Wesen dieser Weihe begründete Herabstufung, was ihn unpassend macht, ebenso wie der historische Umstand, dass die niederen Weihen nicht Anteil am Verkündigungsamt im engeren Sinne hatten. Was hingegen einer der Gründe ist, weshalb er evangelisch doch vereinzelt immer einmal wieder auftaucht, ist das durch ihn ausgedrückte Konzept, dass es neben dem Pfarramt andere wichtige Ämter gibt, zu denen Menschen aus der Gemeinde berufen und ordiniert werden können. Und er bringt pointiert zum Ausdruck, dass es innerhalb der ordinierten Ämter eine Hierarchie in Leitungsfragen geben darf, ohne dass es dabei um die Vorstellung einer «richtigen» Pfarrperson und ihrer Kopie geht. Es geht dabei auch um die Frage, ob das Festhalten am Gedanken des *einen* Amts der Verkündigung nicht überholt und theologisch fragwürdig ist und ob dieser Gedanke den Bedürfnissen der Praxis noch gerecht wird.[102]

Unabhängig davon, ob die theologische Meinung schlussendlich zur dienstgemeinschaftlichen Variante oder zur abgestuften Variante ausschlägt, zum Festhalten am Gedanken des einen Amts oder zu einer Vielzahl an Ämtern, der Dienst von Prädikantinnen und Laienpredigenden ist von grösster Bedeutung für die Kirche, auch, aber eben nicht nur, weil die Zahl ihrer Einsätze zunehmen wird. Ihre andere Perspektive, ihre verschiedenen und vielfältigen Hintergründe, ihre besonderen Berufungen bereichern die Kirche,

---

101 Vgl. Fischer/Friedrich, Amt, besonders 127–132 (Der Dienst an Wort und Sakrament, ministerium verbi).
102 Anderer Meinung ist Wüthrich, Ordination, 44; 46; 53.

III. Das eine Amt und die vielen Berufungen: Zauberwort Partizipation

die Gemeinden und die Verkündigung der Frohen Botschaft. Sie sind nicht besser, je authentischer sie die Pfarrpersonen nachahmen,[103] sondern ihr Dienst ist je wertvoller, desto mehr dieser von ihnen geprägt wird. Sie sind Verkündigende im Ehrenamt, nicht in eigenem Auftrag, sondern im Auftrag der Kirche und der Gemeinden, aber auch nicht Pfarrpersonen zweiter Klasse.

Um einen eigenen Stil, ein selbstbewusstes Agieren in Gottesdiensten, ein Gefühl zur ansprechenden Gestaltung von Gottesdiensten klassischer oder kreativer Art zu entwickeln und um mit dem liturgischen Geschehen vertraut zu werden, ist es wichtig, einmal das Handwerkszeug bekommen zu haben. Dazu besteht der zweite Teil dieses Buchs aus einer liturgischen Handreichung, die ein paar der Werkzeuge weitergeben und mit dem Notwendigsten ausrüsten möchte.

---

103 Vgl. Fuhrmann, Grenzgänger, 172.

# IV. Getting Ready: Eine liturgische Handreichung

## 1. Praktische Überlegungen zum Gottesdienst

### 1.1 Vorüberlegungen

Was ist Gottesdienst? Zu dieser Frage wurden unzählige Abhandlungen verfasst. Dieses Buch hat nicht der Anspruch, eine Gottesdiensttheologie zu entfalten oder gar selbst zu entwickeln. Dazu wird hier auf die vielzähligen guten Einleitungen zum Thema Gottesdienst verwiesen.[104] Dieser Abschnitt zu Beginn der liturgischen Handreichung folgt aber einem Wunsch: jede Liturgin, jeden Liturgen dazu aufzufordern, bevor sie sich den Details des «Wie» und des «Was mache ich an welcher Stelle des Gottesdienstes?» widmen, sich die Frage zu stellen, was Gottesdienst für sie persönlich eigentlich bedeutet. Was ist Gottesdienst und was «bringt» Gottesdienst?[105] Warum macht man Gottesdienste und warum sollen Menschen

---

104 U. a. Meyer-Blanck, Michael: Gottesdienstlehre. 2. durchgesehene und korrigierte Aufl., Tübingen 2020; Deeg, Alexander / Plüss, David: Liturgik [Lehrbuch Praktische Theologie Bd. 5], Gütersloh 2021; Plüss, David u. a. (Hg.): Gottesdienst in der reformierten Kirche. Einführung und Perspektiven [Praktische Theologie im reformierten Kontext Bd. 15], Zürich 2017.

105 Matthias Zeindler beschreibt ihn als «zwecklos aber nicht sinnlos», Zeindler, Matthias: Ekklesiologie des reformierten Gottesdienstes, in: Plüss u. a. (Hg.), Gottesdienst in der reformierten Kirche, 117–130, hier: 121. Christoph Dinkel hat seine Habilitationsschrift zu dieser Frage verfasst: Dinkel, Christoph: Was nützt der Gottesdienst? Eine funktionale Theorie des evangelischen Gottesdienstes [Praktische Theologie und Kultur Bd. 2], Gütersloh 2000.

## IV. Getting Ready: Eine liturgische Handreichung

kommen und mitfeiern? Das scheinen ganz banale und selbstverständliche Fragen zu sein, aber sie für sich selbst zu beantworten spielt eine grosse Rolle dabei, wie man einen Gottesdienst vorbereitet, wie man dort auftritt, was man wie sagt. Sehe ich den Hauptzweck des Gottesdienstes im Zusammenkommen der Gemeinschaft, gestalte und leite ich anders, als wenn der Schwerpunkt auf der Anbetung Gottes liegt, und das wiederum wird ein anderer Gottesdienst sein, als wenn es mir besonders auf das Ausrüsten der Gemeinde mit Wissen über den Glauben oder mit Kraft für ihren Dienst ankommt. Meist gibt es nicht einen Fokus allein und in «Reinform». In den meisten Gottesdiensten finden sich Elemente von allem, aber die Schwerpunktlegung gibt starke Akzente.

Die deutsche Bezeichnung «Gottesdienst» ist in ihrer Doppeldeutigkeit für das gesamte Geschehen aus Anbetung, Ausrüsten, Gemeinschaft gut getroffen.[106] Der Dienst der Gemeinde an Gott – das heisst die Anbetung in Gebeten und Liedern, das Loben und Preisen, das Danken für die Gnadengaben Gottes – ist damit ebenso gemeint wie der Dienst Gottes an der Gemeinde, die Trost, Halt, Kraft, Stärkung im Glauben und in der Hoffnung erfährt, durch die Begegnung mit Gott im liturgischen Geschehen und in der Gemeinschaft, im Hören des Wortes und in der gemeinschaftlichen Ergründung des Glaubens und dem Wachsen im Glauben; Gottesdienst in zwei Richtungen also.[107]

---

106 Vgl. Martin Luther bei der Einweihung der Torgauer Schlosskirche, die sogenannte «Torgauer Formel», WA 49, 588. Vgl. ebenfalls Arnold, Jochen: Was geschieht im Gottesdienst? Zur theologischen Bedeutung des Gottesdienstes und seiner Formen, Göttingen 2010, 11.

107 Meyer-Blanck beschreibt Liturgie als «‹Laiendienst› im doppelten Sinne[:] als Dienst des Volkes und Dienst für das Volk», Meyer-Blanck, Gottesdienstlehre, 7. Deeg/Plüss beschreiben Gottesdienst im Verständnis von Luther mit dem schönen Begriff: «Gott-menschlicher Wort-Wechsel», Deeg/Plüss, Liturgik, 168.

## 1.2 Rolle der verkündigenden Person

Eine reformatorische Erkenntnis ist, dass das Mitwirken im Gottesdienst in tragender Rolle nicht allein dem Priester am Altar und anderen Geweihten vorbehalten ist. Die Gemeinde, aus der die Liturgin, der Liturg zu Beginn des Gottesdienstes nach vorne tritt, um den Dienst zu tun, ist in ihrer Gesamtheit das zweite Subjekt des Gottesdienstes mit und neben Gott. Dieser Erkenntnis verdankt sich nicht zuletzt auch das Prädikant:innen-Amt. In der gottesdienstlichen Praxis übersetzt sich diese Grunderkenntnis, dass im reformierten Gottesdienst – wenn man von Laien sprechen möchte – alle gleichermassen Laien sind, nicht in das tatsächliche Geschehen am Sonntag. Zu erwarten wäre eine Vielzahl an hörbaren Stimmen, an Beteiligung in tragenden Rollen. Bei vielen Gottesdiensten handelt es sich jedoch nach wie vor um eine One-Woman/Man-/Person-Show.[108] Nicht nur spricht die eine verkündigende Person häufig alle Texte und liturgischen Hinweise, in vielen Gottesdiensten kommt die Gemeinde auch nicht mehr richtig bei den Liedern zum Einsatz, weil nur zwei bis drei Lieder vorgesehen sind. Die Rolle der verkündigenden Person wird dadurch dominierend und lenkt den Fokus von der gemeinschaftlichen Feier der Gemeinde mit Gott auf ein Gegenüber von Gemeinde auf der einen und Liturg:in auf der anderen Seite.

---

108 Vgl. Plüss, David: Allgemeines Priestertum und Amt, in: ders. u. a., Gottesdienst in der reformierten Kirche, 145–161; Er schreibt: «Der reformierte Gottesdienst hat sich in eine Richtung entwickelt, die den Grundsatz des allgemeinen Priestertums einerseits erkennbar zur Darstellung bringt, andererseits diesen verdunkelt oder ihm sogar widerspricht» (153) und «Oder kurz und polemisch: Der reformierte Gottesdienst als Schulstunde und One-Man-Show» (154).

## 1.3 Zwischen heiligem Theater und Schulstunde

Eine andere Entwicklung ist die Zunahme moderierender Anteile im Gottesdienst. Aus der Reformation heraus ist das Anliegen entstanden, dass die Gemeinde besser über ihren Glauben Bescheid weiss und das gottesdienstliche Geschehen nicht nur passiv geschehen lässt, sondern versteht und mitträgt. Dieser löbliche Bildungsanspruch resultiert zunehmend darin, dass Liturg:innen aus dem gutgemeinten Impuls heraus, alles nachvollziehbar und verständlich zu machen, liturgische Teile einführen und erklären. Gebete bekommen lange Einführungen, Lesungen und auch Lieder werden vorgestellt und die Liedwahl wird begründet. Das schafft einerseits Transparenz für das Handwerk der Gottesdienstvorbereitung und die Gedanken des Liturgen, es impliziert jedoch andererseits, alles im gottesdienstlichen Geschehen sei erklärbar und rational nachvollziehbar.[109] Die Sakramente als stark symbolische Rituale funktionieren aber nur dadurch, dass jedes Symbol immer noch mehr bedeutet und sagt, als wir in menschlichen Erklärungen dazu sagen können. Das ist die Kraft von Symbolen und symbolischen Handlungen, das Mehr, das eben nicht gleichwertig in wenigen Sätzen auch gesagt werden könnte. Die liturgischen Teile drohen ineinander zu verschwimmen oder in den vielen Worten der Erklärungen unterzugehen. Durch die zu genaue Auslegung und Erklärung der liturgischen Teile wird ihnen und der Gemeinde zudem eine einzige mögliche Auslegung präsentiert, nämlich die der Liturgin. Dadurch wird ihre sowieso bereits dominante Stellung

---

109 David Plüss schreibt zum Thema: «Andererseits ist kognitives Verstehen nicht die ganze Miete. Das Geheimnis des Glaubens lässt sich nicht lüften.» Vgl. Plüss, David: ‹Simple, fresh, relevant, not too doctrinal in tone or unreal in expression›. Kriterien liturgischer Sprache, in: Kusmierz, Katrin / ders. / Berlis, Angela (Hg.): Sagt doch einfach, was Sache ist! Sprache im Gottesdienst, Zürich 2022, 21–34, hier: 26 f.

1. Praktische Überlegungen zum Gottesdienst

im Gottesdienst noch verstärkt[110] und die Gemeinde – ganz entgegen der Intention – entmündigt.

Heutige Gottesdienstplaner:innen stehen vor der schwierigen Herausforderung, dass vielen Menschen der Glaube und seine Vollzüge fremd werden oder geworden sind. Daraus entsteht der Wunsch, diese Vollzüge möglichst inklusiv zu gestalten und ausführlich zu erklären. Gleichzeitig sind aber viele der Gottesdienstbesuchenden seit Jahrzehnten erfahrene Gottesdienstfeiernde und liturgische Stücke entfalten ihre vielgestaltige Wirkung gerade indem sie wirken dürfen und den nötigen Raum dafür bekommen. In anderen Ländern arbeiten Gemeinden mit Liturgieblättern für die Gemeinde, in denen die Struktur und die wiederkehrenden Teile aufgeführt sind und in denen auch Platz für Erklärungen ist. Es gibt auch die Möglichkeit, ein- oder zweimal im Jahr einen Gottesdienst extra als «Erklär-Gottesdienst» zu feiern. Das existiert im englischsprachigen Raum mit dem Titel «Teaching-Eucharist», eine Lehr-Eucharistie. Dabei wird der Gottesdienst ganz normal gefeiert, nur dass eine Person immer wieder auftritt und in knappen Worten erklärt, warum im Folgenden getan wird, was getan wird, was die Herkunft und Bedeutung von verwendeten Symbolen und die Strukturmerkmale sind. Das ist eine schöne Möglichkeit, die übrigen Sonntage einfach zu feiern und sich nicht in Erklärungen zu verlieren. Es ist auch einzugestehen, dass der Sonntagsgottesdienst zwar ein Kern des kirchlichen Gemeindelebens ist,[111] aber es ist in der Regel nicht der Ort, an dem völlig unerfahrene Neumitglieder gewonnen werden. Das geschieht viel häufiger in kleineren Gruppen, durch direkte Kontakte, an Orten, wo eine Erklärung des Glaubens und von dem, was

---

110 Vgl. Deeg/Plüss, Liturgik, 218, wo sie die «Problematik der pastoralen Dominanz» behandeln.

111 Matthias Zeindler spricht vom «grundlegende[n] Lebensvollzug», Zeindler, Ekklesiologie, 117.

eine Gemeinde tut, möglich ist. Auch wenn in einem Gottesdienst viel erklärt und moderiert wird, ist es für Menschen, denen das Ganze komplett neu ist, immer ein Ort der grossen Fragezeichen und der Unsicherheit über das, was von einem selbst erwartet wird. Dieses Eingeständnis kann auch Druck vom Sonntagsgottesdienst nehmen, der ansonsten die Feierlichkeit hemmen kann.

### 1.4 Kirchensprache

Ein Phänomen, das von Otto Waalkes in seinem Sketch «Wir fahr'n nach Lodz» aufgenommen wurde, ist der Kirchensprech. Wer im liturgischen Geschehen spricht, verändert häufig zwangsläufig Betonung, Sprachrhythmus und Sprache generell. Die Versuchung ist gross, jedes Wort zu betonen und so durch Überbetonung eigentlich gewollte Hervorhebungen verschwimmen zu lassen, oder in langen Standardphrasen mit vielen Worten wenig auszusagen. Bei der Verwendung grosser Worte wie *Gnade, Heil, Rettung, Liebe, für uns gestorben, Versöhnung* usw., ist beim Schreiben immer eine kurze Warnleuchte angezeigt: was sage ich gerade und was meine ich eigentlich wirklich und wie kann ich es auch noch sagen? Auf humoristische Art und Weise haben sich Jan Feddersen und Philipp Gessler in ihrem Buch *Phrase Unser* mit der Sprache und den Besonderheiten von kirchlichem Sprech auseinandergesetzt. Von der «Sprache Kanaans» bis zur «Sozialpädagogisierung der kirchlichen Sprache» untersuchen sie Eigenheiten und Besonderheiten der Rede im Gottesdienst.[112]

---

112 Feddersen, Jan / Gessler, Philipp: Phrase Unser. Die blutleere Sprache der Kirche, München 2020.

## 1.5 Die eigene Rolle

Für Prädikantinnen und Laienprediger, generell für Menschen, die sich neu in die Rolle der Liturgin, des Liturgen einfinden, ist wichtig festzuhalten: Reflektieren Sie die Rollen, die Sie bis jetzt bei anderen Pfarrpersonen und Prädikantenkolleg:innen erlebt haben und reflektieren Sie, welche Rolle Sie selbst einnehmen möchten. Leiten Sie daraus Schlussfolgerungen für die Gestaltung des Gottesdienstes ab. Kopieren Sie nicht einfach, was andere tun. Das heisst nicht, die Traditionen und Liturgien geringzuschätzen, ganz im Gegenteil. David Plüss warnt vor den «pastoralen Einfällen», welchen die Gemeinden «schutzlos ausgeliefert» sind,[113] also einem Feuerwerk liturgischer Phantasie, das jeden Sonntag Neues erfindet. Wenn Sie es wichtig finden, dass die Gemeinde wirklich die Trägerin des Gottesdienstes ist und Sie als Liturg Teil der Gemeinde sind, dann hat das viele Konsequenzen, angefangen von Ihrem gewählten Sitzplatz bis hin zur Einbindung weiterer liturgisch wirkender Personen und der Anzahl der Lieder, die gesungen werden.

Reflektieren Sie, was Gottesdienst für Sie bedeutet und wie diese Bedeutung transportiert werden kann. Wie verändert viel Moderation zwischen den liturgischen Teilen diesen Anspruch und die Wirkung auf die Mitfeiernden?

Reflektieren Sie die Sprache, mit der Sie im Gottesdienst sprechen. Die oben angesprochenen grossen Worte (Gnade, Heil, usw.) sind nicht tabu, aber wie verwenden Sie diese und was sagen Sie damit aus? Wenn Sie mit diesen Worten argumentieren, sind es echte Argumente oder einfach Verlegenheitsaussagen?

Zuletzt nochmals der Verweis auf die zahlreichen guten Gottesdiensteinleitungen, welche die Entwicklung des christlichen Betens in Gemeinschaft historisch darstellen und die heutigen Formen so

---

113 Plüss, David: Predigtgottesdienst, in: ders. u. a., Gottesdienst in der reformierten Kirche, 193–223, hier: 199.

herleiten und verorten können. In diesen werden die hier aus praktischer Perspektive angesprochenen Punkte auch theologisch tiefgehend reflektiert.

## 2. Liturgie

In diesem Kapitel wird der Blick vom Gottesdienst als Gesamtgeschehen auf seine einzelnen Elemente und ganz praktisch auf deren Durchführung und Gestaltung geworfen. Dabei werden Tipps gegeben und Vorschläge gemacht. Den Lesenden muss bewusst sein, dass es sich dabei um eine Meinung handelt und nicht um unverrückbare Wahrheiten. Zu diesen Ansichten kann man sich theologisch oder rein praktisch verhalten und anders entscheiden. Wichtig ist, dass man als liturgisch verantwortliche Person reflektiert, warum was wie gemacht wird, sei es so, wie hier vorgeschlagen, oder anders. Ein Gottesdienst ist ein dichtes Geschehen, in dem alles – auch das vermeintlich Unwesentliche oder Nebensächliche – symbolisch aufgeladen werden kann und – gewollt oder ungewollt – Bedeutung erlangt. Der Heilige Geist soll ja bekanntlich die Arbeit tun, aber das liturgische Bodenpersonal sollte diese Arbeit nach Möglichkeit nicht erschweren und durch Unachtsamkeit oder liturgische Fahrlässigkeit vom Wesentlichen ablenken. Daher hier ein paar Ideen und Überlegungen, wie das gelingen könnte.

Ausgegangen wird bei diesen Überlegungen zur Gestaltung einzelner liturgischer Teile vom liturgischen Gerüst, wie es im reformierten Gesangbuch unter der Nummer 150 zu finden ist.[114] Dieses Gerüst eines klassischen Sonntagmorgengottesdienstes mit seiner

---

114 Vgl. Liturgie- und Gesangbuchkonferenz der evangelisch-reformierten Kirchen der deutschsprachigen Schweiz (Hg.): Gesangbuch der Evangelisch-reformierten Kirchen der deutschsprachigen Schweiz, 4., bearbeitete Aufl., Basel/Zürich 2013 (1998).

Aufteilung in die sogenannten fünf Wegschritte ist in der einen oder anderen Variation die Standard-Liturgie in der Deutschschweiz. Daneben gibt es noch Liturgievorschläge für einen Predigtgottesdienst mit Taufe (RG 151), einen mit Bussteil (RG 152) und das Gerüst eines Abendmahlgottesdienstes (RG 153). Die fünf Wegschritte – Sammlung, Anbetung, Verkündigung, Fürbitte, Sendung – sind nicht so gedacht, dass Gottesdienstmitfeiernde immer wissen müssen, in welchem Teil man sich gerade befindet, sondern es sind die Funktionsbeschreibungen der einzelnen liturgischen Abschnitte und sie folgen der Idee eines Weges, den die Gemeinde gemeinsam feiernd beschreitet. Für die liturgiegestaltenden Personen ist es wichtig zu wissen, wenn sie Variationen einbauen – zum Beispiel einen Psalm im Wechsel beten, eine zweite Lesung, einen Kyriegesang oder weitere Lieder – in welchem Teil sie dies tun und welche Funktion das liturgische Stück erfüllen sollte. Ebenso können die Wegschritte dabei helfen, passende Lieder zum jeweiligen Teil zu finden. Wenn es im Anbetungsteil «Loblied» heisst, wird man dort eher kein Segenslied singen. Dieses wäre im Sendungsteil angebrachter als Schlusslied unmittelbar vor dem Segen. Schlussendlich sollen die Wegschritte eine Hilfe beim Gestalten sein und keine zusätzliche Mühe bereiten, sondern entlasten. Viel variiert wird bei der Anzahl der Lieder und bei deren genauen Positionen, obwohl es ein besonders positives Merkmal dieser schlichten Struktur ist, dass sie viele Möglichkeiten für Lieder vorsieht. Was das Gesangbuch nicht liefert, sind Textvorschläge für das, was sich hinter den einzelnen Überschriften verbirgt. Dafür waren die heute nicht mehr sehr gebräuchlichen grünen Liturgiebände einmal gedacht.[115] Natürlich entwickelt jede liturgiegestaltende Person einen eigenen Stil und

---

115 Vgl. Deutschschweizerische Liturgiekommission im Auftrag der Liturgiekonferenz bzw. Liturgie- und Gesangbuchkonferenz der evangelisch-reformierten Kirchen der deutschsprachigen Schweiz (Hg.): Liturgie. Bände 1–5, 1972–2000.

sie ist frei in der Anpassung oder im Schreiben von Gebeten, doch besonders wenn man sich neu mit der Gestaltung von Liturgie und mit deren Formulierungen beschäftigt können Vorlagen als Orientierungshilfe sehr wichtig sein.[116] Die Taschenliturgie, ebenfalls grün, ist dafür eine praktische Begleiterin.[117] Die Sicherheit im Umgang mit dem Gerüst, das heisst auch mit Variationen und Ergänzungen, ergibt sich mit der Zeit durch Übung und durch kollegialen Austausch.

Das Gerüst des Predigtgottesdienstes wirkt schlicht, doch in dieser Schlichtheit kann viel Schönheit liegen. Die klare Struktur erlaubt es, mit möglichst wenig Moderation durch die Feier zu führen und sie gibt den einzelnen Texten, Gebeten und Liedern Raum zum Wirken, wenn die Liturg:innen ihnen diesen Raum auch zugestehen und sie nicht zerreden. Einzig liturgische Stücke, die mit der Gemeinde im Wechsel gesprochen werden, sind nicht vorgesehen aber möglich. Die Gemeinde kommt nach diesem Gerüst in den Liedern und beim Unservater zu Wort. Hier bietet das Gerüst die Möglichkeit der Ergänzung oder des Auswechselns: Ein Psalm im Wechsel als Gebet oder erst ein Psalm und dann das aufgeführte Eingangsgebet sind zwei öfters anzutreffende Varianten.

Hier werden zur Veranschaulichung das Gerüst nach dem Gesangbuch, Nr. 150, und eine leichte Variation nebeneinandergestellt. Dies ist lediglich eine Möglichkeit, wie man das Gerüst kreativ anpassen kann, um zum Beispiel einen besonderen Sonntag durch etwas mehr Festlichkeit, durch mehr Texte im Wechsel oder mehr Gesänge von den anderen abzuheben.

---

116 Praktische Tipps zur Gestaltung und Literaturempfehlungen gibt es auch auf der Homepage der Liturgie- und Gesangbuchkonferenz Schweiz: www.gottesdienst-ref.ch/ [16.01.2023].

117 Vgl. Liturgie- und Gesangbuchkonferenz der evangelisch-reformierten Kirchen der deutschsprachigen Schweiz (Hg.): Liturgie. Taschenausgabe, Zürich 2011.

## 2. Liturgie

| Wegschritte | Predigtgottesdienst RG 150[118] | Predigtgottesdienst Variation |
|---|---|---|
| Sammlung | Eingangsspiel | Eingangsspiel |
| | Gruss- und Eingangswort | Gruss- und Eingangswort |
| | Eingangslied | Eingangslied |
| Anbetung | | Psalm im Wechsel |
| | Gebet | Loblied |
| | Loblied | Gebet (oder Gebet vor Lied) |
| Verkündigung | Schriftlesung | Lesung 1 (Altes Testament) |
| | Lied | Lied |
| | | Lesung 2 (Neues Testament) |
| | | Lied |
| | Predigt | Predigt |
| | Zw.-Spiel/Lied/Glaubensbekenntnis | Zw.-Spiel/Lied |
| Fürbitte | Abkündigungen | Abkündigungen |
| | Fürbitten | Fürbitten (mit Kyrie-Gesang) |
| | Unservater | Unservater |
| | Lied | Lied |
| Sendung | Kollekte und Mitteilungen | Kollekte und Mitteilungen |
| | Sendung | (Sendung) |
| | Schlusslied | Schlusslied |
| | Segen | Sendungsspruch und Segen |
| | Ausgangsspiel | Ausgangsspiel |

---

118 Mit leichten Anpassungen übernommen aus dem Gesangbuch der Evangelisch-reformierten Kirchen, Nummer 150.

IV. Getting Ready: Eine liturgische Handreichung

Viele der hier genannten Teile werden im Folgenden etwas näher vorgestellt. Von der Gottesdienstplanung am Schreibtisch springt der nächste Abschnitt nämlich in die Kirche zur Gottesdienstplanung unmittelbar vor Ort.

**2.1 Bevor es losgeht**
Die Zeit bevor der Gottesdienst beginnt ist immer wichtig, wechsle ich als predigende und leitende Person jedoch häufig mal die Kirchen, ist sie umso wichtiger. Jeder Ort braucht wieder eine Reihe neuer Entscheidungen. Es ist von Vorteil, früh genug da zu sein, um sich noch ohne Gottesdienstbesuchende frei im Raum bewegen zu können. Es hilft, mit der Stimme den Klang des Raums auszuprobieren, sich an verschiedene Orte im Raum zu begeben. Sobald die ersten Personen da sind, muss das geschäftige Treiben zu Ende sein. Die Liturgin, die vor dem Gottesdienst noch durch den Kirchenraum hin und her eilt, der Prediger, der der Sigristin noch etwas laut zuruft, all das verbreitet Unruhe, und gehört nicht in die Zeit, die manche Gottesdienstbesuchende suchen, um sich zu sammeln oder einfach ihren Gedanken nachzuhängen. Hier ist bereits – Entschuldigung für den Vergleich zum Theater (es wird nicht der letzte sein) – das Rampenlicht auf die Protagonist:innen gerichtet. Die erste Person, die durch die Kirchentür kommt, muss einen Ort der Andacht vorfinden: Es herrscht Ruhe, die Diensthabenden haben ihre Aufgaben erledigt und sind bereit, die Kerzen brennen. Auch der Organist, die Organistin sollte dann nicht mehr üben. Abgesehen von der Ruhe für die Besuchenden ist es auch wichtig, als Liturg:in Ruhe zu finden und sich sammeln zu können und nicht bis zum letzten Moment mit Vorbereitungen und Absprachen beschäftigt zu sein.

2. Liturgie

*Was es zu überlegen gibt: Theologie und Ästhetik*
Um Verwirrung und Stress während der Feier zu vermeiden, lohnt sich immer ein Blick auf die Liedtafel. Sind alle Lieder mit der richtigen Nummer und den richtigen Versen angeschlagen, wie sie auch auf dem Gottesdienstablauf stehen. Sage ich im Gottesdienst ein Lied anders an, als es dort geschrieben steht, werden die Leute unruhig, manche lachen verlegen und der Fluss der Feier wird unterbrochen.

Eine scheinbar nebensächliche Angelegenheit, die aber sogar theologische Implikationen hat, ist die Frage, wo man als Liturg:in sitzt.[119] In der ersten Reihe, eventuell neben der Person, welche die Lesung hält, und mit der Gemeinde, von der Verkündigende ein Teil sind? Oder auf einem Stuhl bzw. einem Sitz des Chorgestühls im Chorraum? Gibt es einen «Priestersitz» hinter dem Abendmahlstisch, an der Seite, auf der Kanzel, hinter dem Ambo? Aus reformierter Sicht für theologisch sinnvoll halte ich einen Platz in der ersten Bankreihe, falls das praktisch möglich ist und nicht allzu weit entfernt. Verkündigende sind Teil der Gemeinde, von dieser zu einem Dienst berufen, der sie nicht heraushebt und nicht bleibend absondert. Sind es lange Wege zwischen erster Bank und Ambo, kann man auch einen Kompromiss machen und während des Eingangsspiels in der ersten Bank sitzen, dann aus der Gemeinde herausund nach vorne treten und dort einen Platz nehmen bis nach dem Segen, wenn man wieder zur ersten Bank geht und das Ausgangsspiel von dort hört. Sitze an der Seite im Chorraum erinnern sehr an Priestersitze in katholischen Kirchen. Trotzdem sind sie natürlich möglich. Sie sollten aber bereit sein und nicht beim Eingangsspiel erst noch zurechtgerückt oder umgestellt werden. Es empfiehlt sich, vor dem Gottesdienst einmal in den Bankreihen zu sitzen und

---

119 Auch Thomas Kabel widmet diesem Punkt einige Gedanken in Kabel, Thomas: Übungsbuch Liturgische Präsenz. Gütersloh 2011, 210.

zu schauen, wie es von dort aussieht, wenn jemand auf dem bereitgestellten Stuhl sitzt. Viele Verkündigende stellen den Stuhl möglichst nah an Ambo, Taufstein, Abendmahlstisch oder auf die Kanzel, damit sie nicht weit gehen müssen, aber von der Gemeinde aus gesehen, sieht es schlicht witzig aus, wenn sie nur den Kopf oder Teile ihrer Pfarrperson oder Prädikantin sehen, die dann plötzlich nach dem Lied – wie im Puppentheater – wieder aufhüpft und weitermacht.

Gott hat die Schönheit und des Menschen Sinn für Ästhetik geschaffen, was durchaus auch in der Gestaltung liturgischer Feinheiten Niederschlag finden darf.

Auch in den Bereich der Ästhetik fällt die Frage, was alles auf dem Abendmahlstisch oder Taufstein liegt und wie das aussieht. Manche Verkündigende machen um sich herum ein ganzes Büro auf und es liegen da Bibel, Gesangbuch, Ringbuch, ein Losungsbuch, das Brillenetui und eventuell noch andere Dinge wie auf einem Schreibtisch. Der Abendmahlstisch ist keine Ablage und mehr als ein Gesangbuch und das Ringbuch sollte der Liturg nicht bei sich haben, daneben eventuell die Abendmahlstischbibel. Auch da lohnt sich der Blick von der Gemeinde aus.

### *Von A nach B: liturgisches Schlendern*
15 Minuten vor der Zeit sollte der Prädikant, die Prädikantin an der Kirchentür sein, gesammelt und vorbereitet, und die Gottesdienstbesuchenden begrüssen. «Kommt, denn es ist alles bereit» (Lk 14,17). Wenige Minuten vor Gottesdienstbeginn stellt sich dann jedoch die wichtige Frage: «Wo bin ich?» Bleibe ich bis zum Glockenschlag an der Tür, um auch die letzten noch zu begrüssen, dann wird der Gang zum Platz vorne unweigerlich zur Prozession. Die meisten Reformierten beabsichtigen das gar nicht, aber bei voller Orgel nach vorne zu laufen ist eine Prozession. Um die Analogie zu vermeiden, entscheiden sich manche, schnellen Schrittes nach vorne zu gehen, mit gesenktem Kopf, oder ganz lässig mit schwin-

genden Armen wie bei einem Sonntagsspaziergang («liturgisches Schlendern»).[120] Dazu schrieb ich in einem Blogbeitrag für das Kompetenzzentrum Liturgik der Uni Bern:

«Der feierliche Einzug durch den Mittelgang war ursprünglich Teil einer Prozession. Die liturgisch Mitwirkenden, die Geweihten, die Mönche oder Nonnen – je nachdem, ob Kathedrale, Dorfkirche oder Kloster eben – zogen mit gesprochenen oder gesungenen Gebeten vom Kreuzgang in die Kirche und dort zogen sie ihre Runden, wie das heute in orthodoxen Kirchen, oder an besonderen Festtagen in r.-katholischen, alt-/christkatholischen und anglikanischen Gottesdiensten noch passiert. Der Einzug durch den Mittelgang war eine verkürzte Version dieser grossen Prozessionen, blieb aber durch alle Zeiten ein Gebet. Die liturgisch Beteiligten sollten diesen Gang nutzen, sich im Gebet auf ihre Aufgabe vorzubereiten und sich klar zu machen, dass sie dieser Aufgabe nur durch Gottes Gnade gewachsen waren. Dies geschah durch laut oder in der Stille gesprochene oder gesungene Gebete beim Einzug (Introitus)[121] oder – im Anglikanischen besonders üblich – durch das Singen eines besonders geeigneten Gemeindelieds während des Einzugs bzw. durch Sprechen eines Sündenbekenntnisses.[122]

---

120 Vgl. meinen Blogbeitrag im Liturgikblog der Theologischen Fakultät der Uni Bern vom 15.06.2022: «Das reformierte Ausgleichsventil zu liturgisch (eigentlich) Schönem: der ‹promenadologische Einzug›», aus dem der nächste Abschnitt stammt; http://liturgikblog.unibe.ch/index.php/2022/06/15/das-reformierte-ausgleichsventil-zu-liturgisch-eigentlich-schoenem-der-promenadologische-einzug/ [26.08.2022].

121 Psalm 43 (Vulgata 42) war ein besonders üblicher Psalm mit seinem Vers 4: *Introibo ad altare Dei [...]*.

122 Das sogenannte *Confiteor*. Die christkatholische Kirche der Schweiz hat in ihrer Liturgie der Eucharistiefeier diese Tradition noch lebendig in Form eines responsiven Gebets mit Sündenbekenntnis zwischen Priester:in und Gemeinde. Dort spricht der/die Priester:in nach der trinitarischen Eröffnung «Ich will hintreten zum Altare Gottes», und die

IV. Getting Ready: Eine liturgische Handreichung

Was dazu nicht passt – auch wenn man Bewegungen im liturgischen Raum nicht überbewerten möchte – ist ein Hineinschlendern. Ab und an passiert es, die Arme schwingen, der Schritt federt, ob durch den Mittelgang oder der Aare entlang, gleiche Haltung und Bewegung[123] – am besten Ringbuch noch unter dem Arm.[124] Das wäre für mich persönlich ein solcher Fall, bei dem falsche theologische Botschaften gesendet und ein unpassender Eindruck über das gleich geschehende Ereignis Gottesdienst ausgedrückt werden.

Es wäre ein grosser Sprung, diesen Einzug wieder von gesungenen Gebeten oder einem Sündenbekenntnis begleiten zu lassen – für reformierte Gottesdienste sogar ein vielleicht gar nicht wünschenswerter Sprung. Doch ich halte es für unabdingbar, diesen Gang zu reflektieren. Warum ziehe ich hier zur Orgelmusik ein und sitze nicht schon am Platz als Teil der Gemeinde? Und wenn ich mich für den Einzug entscheide – was ich persönlich ja schön finde –, dann wäre es wichtig, es bewusst zu tun und nicht wie beim Spazierengehen («promenadologischer Einzug» wäre doch ein schönes Fachwort, das noch zu erfinden wäre), sondern fokussiert, vielleicht mit den Händen ineinander, betend oder sich vorbereitend.»[125]

---

Gemeinde antwortet «Zu Gott, meiner frohlockenden Freude.» Dies wird gefolgt vom *Adjutorium* und weiteren Versen im Wechsel, bevor zunächst Priester:in und dann Gemeinde Sündenbekenntnisse sprechen (Confiteor). Vgl. Christkatholisches Gebet- und Gesangbuch, hg. v. Bischof und Synodalrat der Christkatholischen Kirche der Schweiz, Bd. 1, 2. Aufl., Basel 2006.

123 Ein anderer Extremfall wäre das völlig in sich versenkte mit hängendem Kopf und vielleicht den Ordner mit den Armen an den Oberkörper gepresst andächtige Abschreiten des Mittelgangs. Vgl. auch Kabel, Übungsbuch, 15.

124 Das ist ein Reizthema für Thomas Kabel, der es als «Requisit, das in der protestantischen Kirche eine sehr grosse Rolle spielt» bezeichnet, a. a. O., 17 u. a.

125 Stephany, Ausgleichsventil.

Um falsche Analogien oder schlecht gemachte Alternativen zu vermeiden, empfiehlt es sich als reformierte Liturgin, wenige Minuten vor Beginn des Gottesdienstes ruhig und bedacht an den Platz in der ersten Reihe zu gehen, vor dem Hinsetzen kurz innezuhalten und dann dort sitzend auf das Einsetzen der Orgel zu warten, zusammen mit der Gemeinde.

Das eben schon erwähnte Ringbuch[126] sollte bei den Vorbereitungen vor dem Gottesdienst auf dem Ambo oder dem Lesepult auf dem Abendmahlstisch, oder von wo auch immer das erste Gebet stattfindet, bereitliegen. Es gibt keine Notwendigkeit, dieses beim Begrüssen mit dabei zu haben und in der Kirche umher zu tragen. Auch das Gesangbuch sollte da bereitliegen, von wo man das erste Lied zu singen plant.

## 2.2 Eröffnung

| | |
|---|---|
| Funktion: | Die Eröffnung sammelt die Gemeinde. Das Eingangsspiel hilft, die Aufmerksamkeit auf das Geschehen Gottesdienst zu lenken, die liturgische Eröffnung holt die Menschen ab und nimmt sie mit auf den Weg durch die Feier. |
| Bedeutung: | Die liturgische Eröffnung macht deutlich, in wessen Namen sich die Gemeinde versammelt. Es begrüsst nicht die Pfarrperson als Gastgeber:in, sondern die Gemeinde kommt zur Feier zusammen und versammelt sich im Namen des dreieinigen Gottes. |
| Erwartung: | Die liturgische Eröffnung kann immer die Gleiche sein, was einen Wiedererkennungswert hat und gleich zu Beginn ein Gefühl von Heimat vermittelt. Die persönliche Begrüssung sollte kurz sein und nicht bereits einer kleinen Predigt gleichen. Im Mittelpunkt steht nicht die Liturgin, der Liturg, sondern Gott und die Gemeinde. |

---

126 Vgl. Kabel, Übungsbuch, 17 u. a.

IV. Getting Ready: Eine liturgische Handreichung

*Mache dich auf, aber wann?*
Nach all diesen Prolegomena könnte man meinen, es ertönt nun das erste gesprochene Wort, doch zunächst ist noch die Frage, wann stehe ich auf, und wie komme ich dahin, von wo ich reden will? Es ist ein alter Streit zwischen Ausbildungspersonen, ob es nun respektvoll wäre, die letzten Töne der Orgel abzuwarten, bevor der:die Liturg:in sich auf den Weg macht, oder ob es nicht sinnvoll wäre, diese letzten Töne zu nutzen, um schon einen Teil des Weges zu gehen. Es stimmt, dass im Gottesdienst auch Momente der Stille Platz haben, aber flüssige Übergänge machen es für die Gottesdienstbesuchenden einfacher, dran zu bleiben. Es ist nicht besonders interessant und auch nicht spirituell erhebend, der Liturgin oder dem Liturgen dabei zusehen zu müssen, wie er oder sie kreuz und quer durch den Kirchenraum läuft. Das Laufen muss zwar sein und Wege sind Teil des Glaubensweges und auch des liturgischen Weges, aber sie müssen auch nicht übermässig zelebriert werden. Deshalb der Vorschlag: schon während der letzten Töne der Orgel aufstehen, eine Sekunde innehalten und ruhig zu dem Platz schreiten, wo die Begrüssung stattfindet.

Dort angekommen wird die Orgel ihren letzten Ton ausgehaucht haben und die Blicke ruhen auf der Liturgin, dem Liturgen. Das muss man erstmal aushalten können. Auch wenn der Instinkt am liebsten schnell loslegen würde, um diesen Moment der Erwartungen und der konzentrierten Blicke hinter sich zu bringen, ist es wichtig, sich eine Sekunde zu nehmen, um mit einem Blick in die Runde die Blicke aufzunehmen, auszuhalten, sich innerlich zu sammeln und dann die ersten Worte zu sprechen.

*Das erste Wort*
Es ist für Menschen, die viel Zeit in die Vorbereitung stecken, oft ernüchternd zu hören, aber es gibt Studien zur Bedeutung dieser ersten Sekunden und des Eindrucks, den man auf die Mitfeiernden

## 2. Liturgie

macht, mit dem Ergebnis, dass für viele Anwesende das Urteil über alles, was erst noch kommt, bereits in diesem Moment fällt. Es wäre schade, wenn da schon ein Bruch in der Kommunikation geschehen würde.

Was ist das erste Wort? «Ich begrüsse Sie zum Gottesdienst.» Ertönt das «Ich» als erstes Wort, kann das ein Vorgeschmack sein, um wen es in diesem Gottesdienst geht, nämlich um die Person da vorne am Ambo oder auf der Kanzel. Das wäre ein falsches Signal und zudem lädt Gott alle zum Gottesdienst. Eine liturgische Formel, vielleicht jedes Mal dieselbe, stellt Gott als Gastgeberin ins Zentrum und lenkt den Fokus von der Liturgin, dem Liturgen auf Gott.

«Im Namen des Vaters und des Sohnes und des Heiligen Geistes». Kurz und schlicht, altehrwürdig und dicht ist diese liturgische Formel. Der Heilige Geist kann mit der Heiligen Geistkraft ersetzt werden, aber ansonsten muss dem nichts hinzugefügt werden. Seit vielen Jahrhunderten beginnen Gottesdienste so. Danach gibt es vielfältige Anschlussfähigkeiten. Manche lesen (ohne Einführung und Erläuterung) den Wochenspruch. Es ist auch denkbar, das *Adjutorium* (Unsere Hilfe steht im Namen Gottes, der Himmel und Erde erschaffen hat …) aus Psalm 124,8 anzuschliessen. Mit etwas Übung spricht gegebenenfalls sogar die Gemeinde die traditionell im Wechsel gesprochenen Responsen (Liturg:in: Unsere Hilfe steht im Namen Gottes; Gemeinde: der Himmel und Erde erschaffen hat). Auch nach diesen liturgischen Widmungen, empfiehlt es sich, bei der persönlichen Begrüssung auf das Ich zu verzichten. «Herzlich willkommen zum Gottesdienst», wäre eine neutrale aber trotzdem persönliche Formulierung. Wurde eben der Wochenspruch gelesen, so spricht dieser meist für sich und das ist nicht der Moment, zu einer ersten Kurzpredigt auszuholen und die Menschen über Kontext, Bedeutung und Aussage des Wochenspruchs zu belehren. Es empfiehlt sich, die Begrüssung kurz zu halten. Vielleicht kann in wenigen Worten die Kirchenjahreszeit[127] erwähnt werden, damit die Gemeinde ein Gefühl für das liturgische Jahr bekommt, aber auch hier ist es wichtig, nicht in den Vorlesungsmodus abzudriften. Für Wanderpredigende, wie Prädikantinnen und Laienprediger, gibt es meist noch ein spezielles Element in der Begrüssung, nämlich eine kurze Selbstvorstellung. Es ist richtig, dass die Leute sich dafür interessieren, wer da vorne steht, wenn man noch nicht bekannt ist, aber gleichzeitig gilt hier wieder: Es geht nicht um mich als Liturg:in. Name, Funktion (also in dem Fall Prädikant:in) und vielleicht die Information, woher man kommt, genügen.

Es gibt die Möglichkeit, einen festen, jede Woche gleichen Beginn zu haben, bei dem die Gemeinde feste Responsorien hat. Das ist eine schöne Art, vom ersten Moment an der Gemeinde ihren aktiven Teil an der Gestaltung des gottesdienstlichen Geschehens zu geben und sie als gleichberechtigt Teilnehmende zu involvieren. Es hat auch den Vorteil, dass nicht alles gleich zu Beginn an einer Person hängt, sondern auch der Liturg in den liturgischen Formeln Halt findet und somit automatisch ins Geschehen hineingezogen wird und sich selbst sammeln kann.

### *Wir singen keine Nummern*

Meist ist die Ankündigung des ersten Lieds Teil der Begrüssung. Hier ist wichtig zu erinnern, dass der Gottesdienst nicht an dieser Stelle beginnt. «Wir beginnen den Gottesdienst mit dem ersten Lied.» Wann genau der Gottesdienst begonnen hat, darüber streiten sich Liturgiker:innen, aber es war ganz bestimmt – und da sind sich alle einig – schon lange vor dem ersten Lied. Auch das Durch-

---

127 Für eine Einführung ins Kirchenjahr gibt es verschiedene Werke, u. a. Bieritz, Karl-Heinrich: Das Kirchenjahr. Feste, Gedenk- und Feiertage in Geschichte und Gegenwart, neu bearb. und erweitert v. Christian Albrecht, 9. Aufl., München 2014. Daneben gibt es nützliche Links: www.kirchenjahr-evangelisch.de; www.daskirchenjahr.de.

zählen der Lieder (unser erstes, zweites, letztes …) erweckt den Eindruck, es handle sich um eine Agenda, die abgehakt werden müsse. Zudem wird nicht «das Lied Nummer 123» gesungen, denn die Kirchenlieder haben nicht Zahlen als Titel. «Wir singen das Lied ‹Tu mir auf die schöne Pforte› unter der Nummer 165.» So verlockend es auch hier wieder sein mag (ja, die Begrüssung ist eine reine Versuchung zum Predigen), eine hymnologische Analyse und Vorstellung des Lieds passt an dieser Stelle nicht. Das Lied hat eine liturgische Funktion, uns zu sammeln und uns in Gottes Gegenwart zu stellen. Dabei ist es an dieser Stelle nicht von schwerwiegender Bedeutung, ob es 1525 geschrieben wurde oder 2022 und ob es ein ¾-Takt oder eine andere Taktart ist. Das sind alles interessante Informationen, aber das ist keine Volkshochschulabendveranstaltung, sondern ein Geschehen der Anbetung.[128]

Trotz dieses langen Abschnitts zur Begrüssung im Gottesdienst, das wichtige Wort bei diesem Thema ist «kurz».

## 2.3 Gebet

| Funktion: | Das Gebet der Gemeinde versammelt die Gemeinde vor Gott, lobend, anbetend, fürbittend. Stellvertretend für die Gemeinde, als Stimme der Gemeinde, formuliert die leitende Person Anliegen und adressiert sie an Gott. Welche Funktion das Gebet schlussendlich darüber hinaus hat, hängt vom Glauben und der Gebetstheologie ab. Dient es der Transformation der Betenden, der Ausrichtung auf Gott hin oder ist es, mystischer, ein Vor-Gott-Bringen und ein In-Gott-Sein im Bewusstsein, dass Gott unsere Anliegen kennt, bevor wir sie aussprechen, oder ist es ein Platzieren von Bitten bei Gott in der Erwartung, dass Gott |
|---|---|

---

128 Vgl. Plüss, Simple, 33.

IV. Getting Ready: Eine liturgische Handreichung

|  | entsprechend in das Weltgeschehen eingreift? Das ist das ganze Spektrum, das vermutlich auch in einzelnen Gemeinden von verschiedenen Mitgliedern repräsentiert wird. |
| --- | --- |
| Bedeutung: | Das Wichtigste ist: Glaube ist Beziehung mit Gott. In einer Beziehung muss kommuniziert werden. Die Gemeindeglieder sprechen individuell in ihren Gebeten zu Gott und im Gottesdienst in Gemeinschaft. Unabhängig von der konkreten Gebetstheologie drückt es das Vertrauen auf Gott in allem aus. |
| Erwartung: | Gebete sind an Gott adressiert, nicht an die Gemeindeglieder. Das kann sich in der Gebetshaltung und durch die Blickrichtung des/der Betenden aufs Blatt oder nach oben ausdrücken. Beim Formulieren der Gebete ist es wichtig, sich die mitbetende Gemeinde zu vergegenwärtigen. Ein Gebet soll nicht provozieren und ein Exempel einer anderen Frömmigkeit sein, sondern allen ermöglichen, mitzubeten und vor Gott zu treten, sich bei Gott geborgen und gehört zu wissen. Feste Einleitungen und eventuell feste Formen am Ende helfen Gemeinden zur Orientierung und zum Gewinn von Sicherheit (dazu mehr unten). |

### *Was kann Gott*

Im Gebet lernt man manchmal mehr über die Person, die es geschrieben hat, als in der Predigt. Ebenso spürt die Gemeinde, wenn die betende Person keine wirkliche theologische Meinung zum Thema Gebet hat. Eine solche ist essenziell wichtig und es lohnt sich, intensiv über den eigenen Gebetsglauben zu reflektieren, bevor man ein für den öffentlichen Gebrauch bestimmtes Gebet schreibt. Glaube ich, dass Gott in das Weltgeschehen aktiv eingreift, wenn wir darum bitten, oder glaube ich, dass Gott die Welt erschaffen hat und sie fortlaufend erhält, oder hält Gott sich seit Erschaffung der Welt raus? Oder ist Gebet mehr an die Betenden adressiert und transformiert vielmehr sie und nicht die Welt drum herum? Meine Antworten auf diese Fragen beeinflussen meine Gebetssprache, wie und worum ich bitte, grundlegend. Hat die Liturgin, der Liturg dazu keine eigene reflektierte Position, dann zeigt sich das häufig in Inkonsistenz im Gebet, einem Mischen von verschiedenen Bitten und impliziten Erwartungen. Das in aller Kürze zur Vorarbeit, bevor es an das Schreiben des Gebets geht. Zunächst noch einige Bemerkungen zur Praxis des Betens im Gottesdienst.

*Die Adressat:innen-Frage*

Neben der Inkonsistenz in der Sprache durch eine unklare Gebetstheologie, zeigt sich auch eine Inkonsistenz bei den angenommen Adressat:innen in der Performanz des Gebets. Wer wird im und durch das Gebet angesprochen? Gott sollte erste Adressatin sein.[129] Formulierungen wie, «Und so lasst uns nicht vergessen, wie viel Gutes Gott uns getan hat», nachdem das Gebet mit einer Anrede an Gott eröffnet wurde ist ein Beispiel, wie zwischen Gott und Gemeinde als Adressatin hin- und hergewechselt wird. In der Performanz zeigt sich das praktisch dann oft daran, dass die (vor-)betende Person Augenkontakt mit der Gemeinde sucht. Das Gebet ist jedoch kein Vortrag, kein Referat; es ist Rede mit Gott. Dies nicht im Sinne einer Unterredung oder einer Rede, die ich vortrage, sondern als Anrufung, als Klage und Bitte; als starker Sprechakt jedenfalls. Die Augen sollten fest auf den Text gerichtet oder geschlossen sein. Der Gemeinde wird ihr intimer Moment mit Gott geraubt, wenn der Liturg, die Liturgin versucht, mit ihr Augenkontakt aufzunehmen und ihren Fokus damit auf sich zu lenken. Ein Gebet, das mit Gott

---

129 Vgl. Deeg, Alexander: How to celebrate God with words? Fragestellungen zur Sprache im Gottesdienst, in: Kusmierz/Plüss/Berlis (Hg.), Sagt doch einfach, 75–89, hier: 78.

anfängt, sollte auch durchgehend zu Gott sprechen und nicht im Modus der Anrede hin und her springen und «uns» an Dinge erinnern oder zu Taten auffordern.

*Wohin mit den Händen*

Im reformierten Bereich wird es meist nicht als behandelnswertes Thema angesehen, aber in der Praxis ist es dann eben doch von Bedeutung: die Gebetshaltung der betenden Person. Üblich im evangelischen Bereich generell sind die zum Gebet gefalteten Hände, mit ineinander verschränkten Fingern oder ohne. Das sieht in der Praxis aber häufig sehr kindlich-fromm aus. Die beiden Handflächen flach aufeinander gelegt entspricht in besonderem Masse einer klischeehaften Frömmigkeitsgeste. Die Hände um das Ringbuch geklammert löst das Problem natürlich, aber wer doch mit freien Händen beten möchte, hat zwei andere Optionen. Für den reformierten Gottesdienst vielleicht die Schönste sind schlicht die waagrecht ineinandergelegten Hände; links unten, rechts oben drauf, ganz entspannt und natürlich, nicht verkrampft und nicht künstlich hoch, sondern locker auf Höhe des Bauchnabels. Wer etwas wagen will kann die sogenannte Oranten-Position ausprobieren. Eine Haltung, die schon aus dem antiken Christentum überliefert ist, mit den Armen auf komfortabler Höhe seitlich nach aussen mit angewinkelten Oberarmen nah am Körper. Wer diese Haltung verwenden möchte, sollte vor dem Spiegel eine stimmige Variation finden und sich gut einprägen. Dazu mehr im Abschnitt zu Gesten.[130]

Es bietet sich an, die Kirchenjahreszeit und den Charakter des Sonntags im Kirchenjahr beim Schreiben des Gebets zu berücksichtigen. Das muss aber nicht explizit sein und passt auch nicht immer. Die Stellung des Gebets in der Liturgie ist jedoch stets zu beachten. Auf das Eingangsgebet und das Fürbittgebet wird gleich noch

---

130 Siehe Abschnitt IV. 2.9.

gesondert eingegangen. Jedes Gebet hat seinen eigenen Charakter in der Liturgie und die verschiedenen Gebete sollten nicht einfach Fortsetzungen voneinander sein, nach dem Motto: Wir packen ins Fürbittgebet das, was nicht mehr ins Eingangsgebet gepasst hat.

*Nicht einladen, machen*
Eine weitere Frage ist noch offen: Wie kommt man ins Gebet und dazu, dass die Menschen im Gottesdienst mitbeten? Die liturgische Einladung zum Gebet ist ein grosses Thema. In der Schweiz hört man mittlerweile am häufigsten: «Ich lade euch ein zum Gebet», «Ich bete», «Ich will mit euch beten», «Wir wollen beten». Keine dieser Formeln halte ich für angebracht.[131]

«Ich lade euch ein …»: Die Menschen, die da sitzen, haben sich den Wecker gestellt, angezogen, auf den Weg gemacht, das Orgelspiel gehört und die Begrüssung über sich ergehen lassen. Diese Menschen sind da aus einem Grund. In einem Impuls der Vermeidung von vermeintlicher Übergriffigkeit wird das Gebet im Gottesdienst als ein optionales Geschehen dargestellt. Das betont: Wer will kann mitmachen. Das ist aber sowieso der Fall und die Leute sind reif genug, das für sich zu entscheiden. Wobei – und auch das spricht gegen diese Formel –, wie sollte ich mich denn als Gottesdienstbesuchender dieser Einladung entziehen?[132] Ich habe als mitfeiernde Person ja nicht die Option das folgende Gebet einfach auf stumm zu stellen. Ich bin Teil davon, ob ich die Einladung annehme oder es lieber nicht tun würde. Kurz: Die Formel impliziert eine Option, die es schlicht nicht gibt und wirkt damit formelhaft.

«Ich bete.»: Das ist schön, dann mach du mal. Das war einmal das Verständnis von Gottesdiensten, in einer Zeit, als in der Messfeier die passive Observationsrolle des Kirchenvolks verbreitet war.

---

131 Vgl. Deeg, How to celebrate, 76.
132 Vgl. Feddersen/Gessler, Phrase Unser, 61.

### IV. Getting Ready: Eine liturgische Handreichung

Der Priester tat, was zu tun war und machte da vorne sein Ding mit Gott und die Menge stand unbeteiligt und fern vom Geschehen, Rosenkranz betend oder sich unterhaltend, bis die Altarglöckchen signalisierten, dass es jetzt galt, einen Moment aufzupassen und die elevierte Hostie zu betrachten. Eine evangelische Liturgin betet nicht im Ich-Modus, sondern ist die gewählte Stimme der Gemeinde, von der sie ein Teil bleibt. Sie gibt dem Gebet der Gemeinde eine Stimme.

«Ich will mit euch beten.»: Da steckt dasselbe Problem drin, noch gesteigert durch die überflüssige Willensbekundung. Wir sind da zum Beten, ob der Liturg das nun will oder nicht. Was geschieht und richtig ist, hängt nicht vom Willen des Liturgen ab.

«Wir wollen beten.»: Das ist ein Klassiker, der sich hartnäckig hält. Diese Formulierung ist tatsächlich übergriffig. Die Leute sind da und wollen bestimmt etwas, aber ihnen in dem Moment zu sagen, was sie zu wollen haben, ist unangebracht. Das ist ein Überbleibsel der pädagogischen Sprache, die sich in den 80er Jahren des letzten Jahrhunderts in den Kirchen breit gemacht hat und über die Jan Feddersen und Philipp Gessler in ihrem Buch «Phrase Unser» ausführlich schreiben.[133]

«Lasst uns beten» ist eine Formulierung, die ich kurz und aussagekräftig finde. Verzichten würde ich auf die altertümliche Variante «Lasset ...»[134] Es ist eine Aufforderung, die gleichzeitig ankündigt, was jetzt passiert. Sie betont mit dem «uns», dass es sich um einen Gemeinschaftsakt handelt, auch wenn eine einzelne Person spricht.

Die einfachste Variante halte ich für die beste: «Wir beten.» Liturgische Ansagen sind kein Selbstzweck, sie sind notwendiges

---

[133] Vgl. Feddersen/Gessler, Phrase Unser. Besonders in den Kapiteln «Die Sozialpädagogisierung der kirchlichen Sprache» und «Vertuschung und Hierarchie».
[134] Vgl. Deeg, How to celebrate, 76.

Übel. Das heisst, wann immer möglich, sollen sie so kurz wie möglich gehalten werden. «Wir beten» enthält alles, was gesagt werden muss. Wir wissen, es folgt ein Gebet und nicht eine Ansprache, eine Lesung oder ein Gedicht. Darüber hinaus sagt die Formulierung, wer die Beteiligten sind, nämlich «wir», die versammelte Gemeinschaft betet zusammen.

Nach diesen Vorbemerkungen zum liturgischen Beten generell, folgen zwei kurze Abschnitte, die je eine spezifische Art des liturgischen Gebets in den Blick nehmen.

## 2.4 Eingangsgebet

| | |
|---|---|
| Funktion: | Das häufig sogenannte Eingangsgebet hat in vielen Gottesdiensten die Funktion, die Gedanken der Gemeinde auf Gott auszurichten, vor Gott zu bringen, was die Menschen bewegt und sich von Gott zu erbitten, was es braucht, um in dieser Feier in Körper und Geist präsent zu sein. Traditionell hatte es die Funktion der gemeinsamen Busse und des Gotteslobs. Der Bussteil geriet weitestgehend aus der Praxis und es blieb das Eingangsgebet als Lobgebet. Nach dieser Tradition stimmt die Gemeinde zu Beginn mit Gotteslob und Anbetung in die Feier ein, auch wenn später schwierigere Themen zur Sprache kommen. |
| Bedeutung: | Beide Traditionen, das Eingangsgebet und das Lobgebet, sammeln die Gemeinde und richten sie auf die Feier aus. Während das Eingangsgebet vermittelt, dass alle Anwesenden vor Gott willkommen sind mit ihrem individuellen Gepäck an Freuden und Lasten, drückt das Lobgebet aus, dass die Anbetung Gottes und das Lob durch alle Zeiten Gott gebührt und erste Aufgabe der christlichen Gemeinde ist, ganz unabhängig davon wie gut oder schlecht es den Einzelnen oder der Gemeinschaft gehen mag. |

IV. Getting Ready: Eine liturgische Handreichung

| Erwartung: | Es gibt die Erwartung, dass sich alle Anwesenden auf die eine oder andere Weise im Gebet wiederfinden. Es kann leicht passieren, dass ein Gebet nur die Traurigen und schwer Beladenen in den Blick nimmt und die Glücklichen sich in der falschen Veranstaltung fühlen, oder umgekehrt. Besonders beim Lobgebet ist Vorsicht geboten, nicht billigen Trost über das Leid in der Welt zu schütten oder Gott apologetisch (verteidigend) pauschal vor allen kritischen Fragen zu Leid und Gewalt in der Welt in Schutz zu nehmen. |
|---|---|

Wird nach dem ersten Gemeindelied kein Psalm im Wechsel gebetet, dann bietet sich diese Stelle in der Liturgie für das Eingangsgebet an. In der Messliturgie käme das Kollektengebet an späterer Stelle. Dort gäbe es ein Kyrie-Gebet im Eingangsteil, das sich in der Liturgie der unierten Badischen Landeskirche erhalten hat, wo es zunächst ein Bussgebet gibt, ein Kyrie und dann ein Lobgebet mit Loblied. Das Kollektengebet (*colligere, collectum* lat. Sammeln, gesammelt) käme dann erst vor der Lesung. Dort gibt es kein Eingangsgebet in dem Sinne, wie es heute reformiert üblich ist. Das Kollektengebet sammelt auch nicht die Gemeinde, wie man vielleicht meinen könnte, und schon gar nicht wird währenddessen die Kollekte eingesammelt, sondern das Gebet sammelt die Themen des liturgischen Tages, die Themen aus den Lesungen und es formuliert daraus Lob und Bitte. Im englischsprachigen Raum sind die anglikanischen Kollektengebete, die alten aus dem *Book of Common Prayer*[135] und die neu überarbeiteten in

---

135 The Book of Common Prayer (BCP) and Administration of the Sacraments and other Rites and Ceremonies of the Church according to the use of The Church of England together with the Psalter or Psalms of David pointed as they are to be sung or said in Churches and the form

den jeweiligen moderneren Gebetsbüchern der anglikanischen Kommunion, sehr bekannt für ihre sprachliche Schönheit und prägnante Kürze.

### *Die Menschen abholen*

Im reformierten Gottesdienst ist der Bussteil zu Beginn meist aus der Mode gekommen. An dessen Stelle steht das Eingangsgebet. Dieses hat traditionell den Charakter eines Dank- und Lobgebets. In der Praxis hat es jedoch, so mein Eindruck, überwiegend die Aufgabe bekommen, die «Menschen abzuholen». Auch wenn das traditionell nicht seine Aufgabe war, kann das sehr sinnvoll sein. Viele Verkündigende nennen darin, was die Menschen in ihren seelischen Rucksäcken mit zum Gottesdienst bringen, was sie bewegt, was in der Welt gerade passiert ist und sie bringen das vor Gott. Eigentlich hat das Fürbittgebet diese Funktion, wo der Blick von uns weg auf die Welt gerichtet wird, aber viele Menschen empfinden es als persönlicher, wenn sie und ihre Sorgen, Nöte und Freuden zu Beginn zu Wort kommen. Schwierig wird es, wenn das Gebet zu viele Aufgaben bekommt, nämlich die Leute abzuholen, zu sammeln, Gott zu danken und Gott zu loben. In aller Ausführlichkeit kann das nicht geschehen, aber manchmal finden sich kurze Formulierungen, die das leisten können. «Wir sind hier, um Dich zu loben und Dir Dank zu sagen, Gott, doch wir tun es mit schweren Herzen. Mit Furcht und Sorge blicken wir nach ...» Wie bei den Psalmisten kann der bange Blick auf das, was die Menschen bewegt, am Schluss in einem Sich-Gott-Anvertrauen münden und dadurch Gott loben.

---

or manner of making, ordaining and consecrating of Bishops, Priests and Deacons, Cambridge 2004 (Neudruck in 2013).

IV. Getting Ready: Eine liturgische Handreichung

## *Zum Amen kommen*

Viele Gebetsschreibende kennen die Herausforderung, wenn einmal der Anfang gefunden ist und all diese Punkte mit hineingenommen werden sollen, dann ist es schwer, den Schlusspunkt zu finden und auch noch gut zu formulieren. Die traditionellen Kollektengebete sind einzigartig darin, wie sie in der Kürze, ganz dicht und sprachlich ansprechend wertvolle Gebetsgedanken unterbringen konnten. Ganz so kurz muss ein Eingangsgebet nicht sein, aber es soll in der Länge nicht der folgenden Lesung Konkurrenz machen.[136]

Das Amen des Gebets gehört eigentlich der Gemeinde. Diese hat es aber in den reformierten Kirchen der Schweiz aufgegeben und der Liturgin überlassen. Das ist sehr schade und sollte sich ändern, da die Gemeinde damit ihrem Ja zum Gebet Stimme und ihrer Beteiligung Ausdruck gibt. Ein Weg, wie ein Gebet zum Ende kommen kann, der gleichzeitig das Amen wieder etwas aus der Gemeinde herauskitzelt, ist eine der traditionellen doxologischen Formeln. Diese sind in reformierten Kirchen unüblich und muten etwas römisch-katholisch an. Trotzdem gibt es viele, die auch angepasst werden können. Eine wäre: «Das bitten wir Dich, Gott, der Du in Einheit mit dem Sohn und dem Heiligen Geist lebst und herrscht von Ewigkeit zu Ewigkeit. Amen.» Oder wenn das Gebet sich an Christus wendet: «Dir sei Lob und Dank in Einheit mit dem Vater und dem Heiligen Geist», oder eine Variation davon.

---

[136] Schöne Kollektengebete finden sich auch in Evangelische Michaelsbruderschaft (Hg.): Evangelisches Tagzeitenbuch, 5. Aufl., Göttingen 2003.

## 2.5 Fürbittengebet

| | |
|---|---|
| Funktion: | Das Fürbittengebet nimmt die Welt mit in den Blick, richtet den Blick von uns selbst weg auf andere. Andere Menschen werden Gott anbefohlen. |
| Bedeutung: | Es ist Ausdruck der weltweiten Menschenfamilie, in der jede Gemeinde steht. Das füreinander Beten gehört zur DNA des Christentums. Die Gemeinde wird damit ihrer Verantwortung gerecht, für andere bei Gott anzuklopfen. |
| Erwartung: | Fürbitten sollen eine gewisse Aktualität haben, müssen aber nicht eine Zusammenfassung der Nachrichten sein. Die Erwartung ist nicht, alle Menschen auf der ganzen Welt, die Gebet benötigen, erwähnen zu wollen. Man darf auch darauf vertrauen, dass rund um den Globus Menschen füreinander beten. Nicht jede Gemeinde muss für alle beten. Fürbitten müssen auch nicht die Lösungen von Problemen in der Welt präsentieren. |

Die Fortsetzung der Predigt, wird das Fürbittengebet oft genannt oder der Ort, an dem noch alles gesagt werden kann, was wegen der begrenzten Wortzahl der Predigt dort keinen Platz mehr hatte. Das soll es nicht sein, wenn es auch schön ist, wenn sich konkrete Gebetsanliegen für die Welt aus der Predigt entwickeln. Es soll auch nicht nur ein Spielplatz für Hobby-Poeten sein, auch wenn es dazu einlädt, sich sprachlich etwas zu verkünsteln und die Ästhetik der Sprache zu pflegen. Häufig ist es auch der Ort, wo Gott detaillierte Pläne zur Rettung der Welt vorgelegt werden, indem Bitten bis ins kleinste Detail formuliert werden.

*Der Blick in die Welt*
Die Fürbitten sind der Ort im Gottesdienst, wo die Gemeinde den Blick von sich selbst weg richtet und wo sie sich als Gemeinde aufrichtet und nach rechts, links und in die Ferne blickt. In den Fürbitten betet sie für andere. Das ist das Schöne an den Fürbit-

ten, aber auch die Herausforderung. Es gibt die Gefahr, dass es schnell unverbindlich und allgemein wird, wenn für *alle* Menschen in der Welt gebetet wird, die unter Hunger leiden oder für *alle* Einsamen: für die Welt beten ja, aber nicht immer für die ganze Welt. Auch wenn es schwer ist, lohnt es sich, bescheidener zu sein und sich einer konkreten Gruppe Menschen zuzuwenden. Am nächsten Sonntag kann dann der Blick wieder auf andere gerichtet werden, im Vertrauen darauf, dass in der ganzen Welt Menschen Fürbitte halten. Statt für *alle* Einsamen zu beten, vielleicht für die Einsamen in der konkreten Nachbarschaft, statt für *alle* Armen vielleicht für die Armen in einer Partnerstadt der eigenen Wohngemeinde oder an einem anderen konkreten Ort, zu dem eine Verbindung besteht.

*Gebete sind kein Newsfeed*
Die andere Gefahr ist, dass die gewünschte Aktualität des Gebets dazu verleitet, der Gemeinde eine Kurzzusammenfassung der Nachrichten zu geben. «Wie Du ja weisst, Gott, sind heute Morgen 5 Menschen bei einem Zugunglück auf der Strecke X zwischen Y und Z ums Leben gekommen, weil die Weiche …» Es gilt, die Adressatenfrage immer im Blick zu behalten. Das Gebet ist an Gott adressiert und Gott braucht keinen Newsfeed. Als Gemeinde wird im Fürbittgebet anderen Menschen Zeit und Raum im Gottesdienst gegeben, die dadurch auf besondere Art gegenwärtig und Teil der Gemeinde werden. Ihr Schicksal wird in die Gegenwart Gottes gestellt. Es gibt unzählige Arten der Formulierungen und viele davon sind wunderbar. Es genügen auch simple Bitten: «Gott, wir beten für … Wir sehen ihr Leid und bitten für sie.»

*Die Gemeinde beteiligen*
Damit es für die Gemeinde nicht den Charakter einer zweiten Predigt bekommt, gibt es liturgische Möglichkeiten der Beteiligung. Werden die einzelnen Bitten kurzgehalten, kann die Gemeinde jede

Bitte unterstützen mit einem «Gott, erhöre uns» oder «Gott, erbarme dich». In Kirchen in anderen Ländern ist es üblich, dass das Schreiben der Fürbitten und das Beten derselben im Gottesdienst ein eigenes Amt ist, wie das der Lektor:innen. Eine oder mehrere Personen aus der Gemeinde bereiten dann die Fürbitten vor und beten sie am Sonntag. Es gibt Gemeinden, wo dafür ein Mikrofon im Mittelgang steht und wo das Gebet somit auch physisch aus der Mitte der Gemeinde kommt. Als «Wanderpredigende» sind solch weitreichende Eingriffe in die eingespielte Praxis der Gemeinde oft schwer umzusetzen, aber manchmal stossen solche Anregungen auch auf offene Ohren und verändern etwas.

Das Amt der Lektor:innen wurde eben schon angesprochen. Im nächsten Abschnitt geht es um die Lesung.

## 2.6 Lesung

| | |
|---|---|
| Funktion: | Die Lesung bestimmt das Thema des Sonntags. Sie ist oft entsprechend dem Kirchenjahr geprägt. Es kann mehrere Lesungen aus Altem Testament und Neuem Testament (entweder Evangelium oder Briefe) geben. Manche Gemeinden haben zudem die Tradition eines zusätzlich von der Kanzel aus gelesenen Predigttextes unmittelbar vor der Predigt. Im reformierten Kontext können die Lesungen frei gewählt werden, einer Perikopenordnung folgen oder ganze biblische Bücher in *Lectio continua* (jede Woche ein Abschnitt) gelesen werden. |
| Bedeutung: | Die Lesung oder Lesungen bilden in reformierten Predigtgottesdiensten zusammen mit der Predigt das Zentrum. Gottes Wort kann im gesamten Gottesdienstgeschehen durchscheinen, doch Lesung und Predigt sind die dichtesten Momente. Auf sie läuft der Gottesdienst zu und von der Lesung erhält er seine Botschaft. |

IV. Getting Ready: Eine liturgische Handreichung

| Erwartung: | Die Lesung muss akustisch verständlich sein. Gibt es mehrere Lesungen, können sie durch Musik oder Stille voneinander getrennt sein. Bei Lesungen können Lektor:innen zum Einsatz kommen. Die Ästhetik des Moments muss seiner Wichtigkeit im Gottesdienst entsprechen: Ein mehrfach gefalteter Zettel, von dem abgelesen wird, ist nicht gleich ansprechend wie das Lesen aus einer schönen Bibel. |
|---|---|

Gibt es eine Lesung oder mehrere Lesungen? Das ist bereits eine Grundentscheidung. In den Kirchen, die dem Messformular folgen, sind es mehrere Lesungen. Klassisch wäre zunächst die alttestamentliche Lesung, gefolgt von einem Psalm, bei dem die Gemeinde einen Refrainvers spricht, dann die Epistellesung, gefolgt von einem gesungenen Halleluja, bei dem die Gemeinde aufsteht für das Evangelium. Das Evangeliar (Buch mit allen Evangeliums-Lesetexten für das Lesejahr) wird teilweise in einer Prozession zum Ambo oder in den Mittelgang getragen, oft begleitet von Kerzen und manchmal auch Weihrauch. Luther hatte zunächst gar nichts gegen das Drumherum, störte sich später jedoch an der Idee, Lesungen im Gottesdienst zu hören, die dann nicht ausgelegt werden.[137] In manchen lutherischen Kirchen steht man auch heute zum Hören des Evangeliums. In reformierten Kirchen ist das eher unüblich. In reformierten Gottesdiensten verlor die Eucharistie die Stellung des Höhepunkts des Gottesdienstes. An dessen Stelle rückte die Verkündigung des Wortes. Damit ist nicht die Lesung des Wortes gemeint, zumindest nicht allein, sondern die Auslegung dieses Wortes in der Predigt. Man könnte auch Lesung und Predigt als gemeinsamen Höhepunkt

---

137 Vgl. Bieritz, Karl-Heinrich: Die Ordnung der Lese- und Predigtperikopen in den deutschen evangelischen Landeskirchen, in: Liturgisches Jahrbuch 41/2 (1991), 119–132, hier: 119.

sehen. Liturgisch lässt das Aufstehen, der Weihrauch, das Licht zum Evangelium eigentlich erwarten, dass das Wort Gottes in diesem Moment 1:1 ertönt. Das ist theologisch aber nicht der Fall. Die biblischen Schriften sind nicht – und beanspruchen auch nicht – mit dem Wort Gottes identisch zu sein. Durch die biblischen Geschichten, durch die dort geschilderten Erfahrungen von Menschen mit Gott in verschiedensten Lebenslagen, kann das Wort Gottes zur Gemeinde sprechen, doch sind die Texte nicht von Gott diktiert. Daher ist es konsequent, in reformierten Gottesdiensten in der Haltung zu hören, die man natürlicherweise zum Hören einnimmt: man sitzt. In der Predigt als Auslegung der biblischen Texte kann sich das Wort offenbaren, können die Bibeltexte transparent werden für das Wort und den verborgenen Schatz freigeben. Nur so erklärt sich, wie die Bibel heute noch aktuell sein kann. Gottes Wort ist darin nicht statisch festgeschrieben, sondern ereignet sich immer wieder neu durch die Bibel hindurch, aktuell in jede Zeit, in die jeweilige Situation hinein.

*Die praktische Gestaltung*

Was bedeutet das praktisch? Ist die Gestaltung der Lesung in reformierten Gottesdiensten egal? Keineswegs. Es gibt unzählige Wege, wie der Vortrag der Lesung der Gemeinde helfen kann, für das Gehörte offen und empfänglich zu sein, und es gibt noch mehr Wege, wie eine Blockade zwischen lesender Person und Gemeinde erzeugt wird. Daneben gibt es auch noch die ganz praktischen Fragen der Gestaltung und liturgische Abwägungen. Dies beginnt mit der Frage der Anzahl: Wie viele Lesungen soll es in einem Gottesdienst geben? Sehr verbreitet ist es in reformierten Gottesdiensten, eine Lesung zu haben und dann eine weitere Lesung als Teil der Predigt, den Predigttext. Alternativ könnte man eine alttestamentliche und eine neutestamentliche Lesung haben und dann den Predigttext, oder man verzichtet auf einen Predigttext als Teil der Predigt und predigt über einen oder beide zuvor gelesenen Texte. Folgt man einer Perikopenordnung, so stehen die Texte meist in einem Zusammenhang. Findet man diesen, hat man oft schon ein Predigtthema. Es ist prinzipiell wertvoll, wenn in der Regel in jedem Gottesdienst das Alte Testament und ein Evangeliumstext zu Wort kommen. Ist der Predigttext eine Epistel, gibt es die Variante von zwei Lesungen und Predigttext. Ist der Predigttext alttestamentlich oder ein Evangeliumstext reichen zwei Lesungen ohne Predigttext und es kann dann über den von einer Lektorin, einem Lektor vorgetragenen Text gepredigt werden. Kommt kein alttestamentlicher Text vor, gibt es auch noch die Möglichkeit, zu Beginn mit der Gemeinde einen Psalm im Wechsel zu beten (nicht zu lesen, zu beten).

*Die Ästhetik des Buchs*
Eine andere Frage ist, woraus gelesen wird. Bringt die lesende Person ihre selbstausgedruckte Lesung auf einem gefalteten Zettel mit und entfaltet diesen dann am Ambo? Der Vorteil ist, dass die Schriftgrösse und die Textanordnung frei bestimmt werden können. Aber welchen Eindruck macht es, wenn das Evangelium, die Frohe Botschaft von einem Zettel gelesen wird, am besten mit Eselsohren und gefaltet? Die ansprechendere Variante ist es, wenn die Lesungen aus einer Bibel gehalten werden, am besten aus der Bibel, die auf dem Abendmahlstisch liegt.[138] Am Ende des Lieds geht die Lektorin nach vorne und nimmt in Ruhe die Bibel vom Tisch und bringt sie zum Ambo. Nach der Lesung bringt sie diese wieder zurück. Dies wirkt in reformierter Bescheidenheit feierlich. Möchte man trotzdem nicht auf das eigene Layout des Textes verzichten, kann das ausgedruckte Blatt vor Beginn des Gottesdienstes in die Bibel gelegt und einige Seiten umgeblättert werden. Niemand wird merken, dass man nicht direkt aus dem Buch liest.

---

138 Vgl. Kabel, Übungsbuch, 46.

### Die Sache mit dem Blickkontakt

Zwei Streitfragen gibt es im Bereich des Vortrags. Die eine ist, ob die lesende Person mit der Gemeinde Blickkontakt haben soll, also immer wieder von der Lesung aufschauen soll, wie bei einem Vortrag. Eine Meinung ist, das sei wichtig, um mit der Gemeinde in Kontakt zu bleiben, um deren Aufmerksamkeit aufrecht zu erhalten. Die andere Gruppe hingegen würde sagen, die biblische Lesung sei eben kein Vortrag und es sei wichtiger, mit der ganzen Konzentration beim Text zu sein als in die Gemeinde zu blicken.[139] Ebenso zwinge der Blickkontakt die Hörenden, diesen zu erwidern, was diese daran hindert sich in das Gehörte zu versenken. Persönlich schliesse ich mich der zweiten Ansicht an. Die Lesung ist Hören aufs Wort. Die lesende Person ist nicht Moderator:in oder Presenter (auf Neudeutsch), im Gegenteil, es geht ganz und gar nicht um die Person, sondern rein um das Gehörte. Die Lesung braucht keine Unterstützung durch Blickkontakte oder Gesten, die Hände können ruhig auf dem Ambo ruhen.

### Die stimmliche Inszenierung

Die andere diskutierte Frage ist, wie sehr die Lesung stimmlich inszeniert werden soll. Damit sind nicht besondere Gottesdienste gemeint, wo die Lesung tatsächlich schauspielerisch inszeniert wird, sondern reguläre Sonntagsgottesdienste oder Andachten. Es gibt hier die Meinung, stimmlich soll die lesende Person so inszenieren, dass es ans Schauspielerische grenzt. Die andere Meinung sieht einen schmalen Grat zwischen ansprechender sprachlicher Gestaltung und der schauspielerischen Inszenierung.[140] Die Nutzung rhetorischer Fähigkeiten ist für beide unabdingbar und absolut geboten. Letztere Meinung wäre aber zurückhaltend mit star-

---

139 Vgl. a. a. O., 52.
140 Vgl. a. a. O., 50 und 54.

ken Inszenierungen. Für Tipps und Tricks *en detail* empfiehlt sich Thomas Kabels Buch zur liturgischen Präsenz.

Unabhängig davon, welcher Meinung man sich anschliesst, gibt es Lesungen, bei denen es angebracht sein kann, Wert auf die Inszenierung zu legen. Es gibt Feiertage im Jahr, an denen traditionell lange Texte gelesen werden, z. B. am Karfreitag die Passionsgeschichte. Bei solchen Lesungen ist es gute Tradition, dass diese in geteilten Rollen gelesen werden. Die verschiedenen Stimmen helfen der Gemeinde, nicht abzuhängen.

Zum Thema Abwechslung in der Stimme gehört auch die Frage, ob der Liturg, die Liturgin die Lesung selbst hält oder ein:e Lektor:in diesen Teil übernimmt. In vielen Kirchen ist das bereits der Normalfall, jedoch gibt es noch viele reformierte Gemeinden, bei denen im Gottesdienst vom ersten bis zum letzten Wort nur eine Stimme zu hören ist. Es ist auf jeden Fall zu empfehlen, jemanden als Lektor:in anzufragen. Als «Wanderprediger:in» ist das in manchen Gemeinden eine Herausforderung, wenn es dort keinen etablierten Lektorinnendienst gibt, doch es ist der Mühe wert. Fragt man eine Person, die das nicht regelmässig macht, kann es gut sein, eine (Mikrofon-) Probe zu vereinbaren und sei es eine Stunde vor dem Gottesdienst. Idealerweise organisiert die Gemeinde eine Weiterbildung für ihre Lesenden, doch als Prädikant:in muss man sich an die Gegebenheiten anpassen, die man vorfindet. Erweist es sich als unmöglich, jemanden von der Gemeinde zu organisieren, kann man auch Partner:innen oder gute Freunde fragen, ob sie mitkommen.

### *Die Ansage der Lesung ist keine Lesung*

Die Einführung in die Lesung soll so knapp wie möglich sein.[141] Wer kann sich wirklich Verszahlen merken?[142] Eine genaue Angabe des Buchs, Kapitels und der Verse macht nur dort Sinn, wo es Tradition

---

141 Vgl. a. a. O., 47.
142 Vgl. a. a. O., 48.

ist, dass die Leute in der Bibel mitlesen (aber eigentlich geht es ums Hören!). Es ist an manchen Orten üblich, eine kurze Hinführung zur Lesung zu geben. Das kann Sinn machen, wenn Perikopen mitten in einem Erzählzusammenhang einsetzen oder manchmal auch zur Verortung im Gesamtnarrativ. Man muss sich jedoch bewusst sein, dass man damit dem Text eine Vorinterpretation mitgibt und das Hören beeinflusst. Das ist nicht *per se* schlecht, es muss aber bewusst sein und auch das sollte möglichst kurzgehalten werden. Im Gegensatz zur Lesung ist die Ansage eine Kommunikationssituation mit der Gemeinde und sie wird mit Augenkontakt gesprochen. Hält man sie kurz, kann man das auch auswendig: «Lesung aus dem Lukasevangelium im 5. Kapitel.» Bereitet der Liturg, die Liturgin ein Blatt für die Lesenden vor, so ist es hilfreich, diese Ansage fett zu schreiben und gegebenenfalls auch die Ansage für das folgende Lied am Ende des Textes vorzugeben.

## 2.7 Lieder

| | |
|---|---|
| Funktion: | Lieder sind gesungene Gebete. In ihnen kommt die Gemeinde selbst zu Wort. Sie dienen nicht der Unterhaltung und sind keine *Performance*, auch nicht wenn sie von einem Chor oder Solist:innen gesungen werden. Sie sind Anbetung und ein Dienst an Gott und Gemeinde. |
| Bedeutung: | Das gesungene Gotteslob, gesungene Gebete oder auch gesungene Klagen haben in der Religionsgeschichte eine lange Tradition. Die Vereinigung mehrerer Stimmen in der Ansprache an Gott wird seit jeher als besonders kraftvoll empfunden. |
| Erwartung: | Die Lieder richten sich nach ihrer jeweiligen Stellung im Gottesdienst, ein Eröffnungslied ist anders als ein Loblied und ein Segenslied. Die Kirchenjahreszeit ist besonders zu berücksichtigen. Wie wichtig die Singbarkeit von Liedern ist, wird unterschiedlich beurteilt, ebenso wie |

> viel Sensibilität es gegenüber den textlichen Aussagen von Liedern braucht.

Wie hältst du es mit der Musik? Das ist tatsächlich eine Gretchenfrage, zu der sich jede gottesdienstgestaltende Person verhalten muss. Wenn nach dem Orgeleingangsspiel begrüsst wird mit den Worten «Wir beginnen den Gottesdienst ...», obwohl der ja spätestens mit dem Eingangsspiel bereits begonnen hat, oder wer bei den Mitteilungen den Musizierenden an Orgel oder anderen Instrumenten dankt für die «musikalische Begleitung» oder «die musikalische Untermalung», der degradiert die Musik zu einem Begleitprodukt, einem *Nice-to-have*. Die Musik ist – die gesungenen Lieder und die instrumentalen Stücke – Verkündigung wie auch die Worte der Liturgin Verkündigung sind. Wo Sprache in Anbetracht des Göttlichen an ihre Grenzen stösst, da kann die Musik weitergehen und den Begegnungsraum von Mensch und Gott offen halten. Das bedeutet, dass die Liedauswahl keineswegs notwendiges Übel ist, sondern ein sehr wichtiger Vorbereitungsschritt. Im Idealfall geschieht die Planung der Musik in Zusammenarbeit mit den Organist:innen bzw. Musizierenden. Als «Wanderprediger» hat man es hier wieder schwerer. Es empfiehlt sich trotzdem eine frühzeitige Kontaktaufnahme und der Vorschlag für eine Zusammenarbeit in der Vorbereitung.

*Die Liedauswahl*
Die Liedauswahl wird von einigen als zunehmend herausfordernd empfunden. Die Anforderungen an die Lieder nehmen von allen Seiten zu. Während die Singbarkeit eingefordert wird, legt eine andere Fraktion mehr Wert auf die musikalische Qualität von Stücken, sie sollen für viele ein modernes und vertretbares Gottesbild enthalten und kein patriarchales Gottesbild transportieren, während andere jeden Eingriff in die alten Texte als Sakrileg betrachten. Dazu kommen teils alternative Gesangbücher in manchen Gemein-

den, deren Lieder aber häufig auch nicht unbedingt singbarer oder bekannter sind und auch nicht immer den anderen Anforderungen gerecht werden.

Trotzdem soll das nicht entmutigen. Es gibt viele Schätze im Gesangbuch. Schätze, die es auch verdienen, zum Einsatz zu kommen. Man sollte sich nicht mit zwei oder drei Liedern für einen Gottesdienst begnügen. Für viele Gottesdienstbesuchende ist es schon die erste Enttäuschung, wenn auf der Liedtafel nur zwei oder drei Lieder angeschlagen sind. Das Reformierte Gesangbuch (RG) sieht mehrere Stellen in der Liturgie vor, wo gesungen werden kann. Diese kann man nutzen. Je mehr Vertrautheit sich mit dem Gesangbuch einstellt, desto einfacher fällt die Liedwahl. Die vielfältigen Methoden zur Liedwahl können hier nicht behandelt werden. Es gibt aber immer wieder interessante Weiterbildungen zum Thema und auch viele Hilfsmittel online.[143]

Wichtige Kriterien für mich sind:
- Könnte ich das Lied selbst anstimmen, wenn die Orgel ausfällt?
- Käme ich zum ersten Mal in einen Gottesdienst, würde mich das transportierte Gottesbild abschrecken?
- Wie würde ich den Text hören und empfinden, wenn ich
  - nicht männlichen Geschlechts wäre
  - mich nicht (oder vielleicht ja noch nicht) als Christ bezeichnen würde? Spricht das Lied von den «armen Heiden», den anderen als den noch zu Bekehrenden und transportiert es eine «wir-gegen-die»-Botschaft?
- Passt die Musik von der Stimmung zu den Worten der Lesung(en) und kommt in mindestens 1–2 Liedern die Kirchenjahreszeit vor?
- Gibt es eine gewisse Abwechslung in den Musikepochen oder sind alle Lieder nur von Paul Gerhardt?

---

143 Z. B. die Homepage www.gottesdienst-ref.ch/musik/rg/ mit einem Werkzeug zur Liedsuche (SongTool).

IV. Getting Ready: Eine liturgische Handreichung

Die Musik macht so viel aus, wie ein Gottesdienst empfunden wird, wie die Menschen sich im Gottesdienst fühlen. Zudem ist im reformierten Gottesdienst die Musik die beste (oder oft einzige) Möglichkeit für die Gemeinde, sich aktiv zu beteiligen.

Um eine stimmige Liedwahl treffen zu können, ist eine Beschäftigung mit dem Kirchenjahr unerlässlich. Wer Weihnachtslieder nur am 24. und 25. Dezember für angemessen hält, hat nicht verstanden, dass der Weihnachtsfestkreis bis in den Januar reicht. Der Osterzyklus ist so viel länger als bis zum Ostermontag. Diese Zeiten sollten sich auch durch die entsprechende Musik von den anderen abheben. Die Musik ist ein wunderbares Geschenk und Mittel gegen die Eintönigkeit des Gottesdienstes das ganze Jahr hindurch.

*Die Liedansage*

Ist die Liedauswahl dann einmal gemacht und haben die Musizierenden geübt, dann muss die Gemeinde nur noch mit einstimmen. In reformierten Gemeinden ist es mit wenigen Ausnahmen die Regel, dass jedes Lied angesagt wird. Es wäre prinzipiell schön, wenn das nicht nötig wäre, da ja die Lieder sowieso angeschlagen oder manchmal sogar auf einem Liturgiezettel abgedruckt sind, aber es ist nicht die Aufgabe von Gastpredigenden, solche Änderungen durchzusetzen. Wenn Lieder nun angesagt werden müssen, dann gilt dabei wieder einmal das Prinzip «kurz und knapp». Das Vorlesen ganzer Liedstrophen ist – mit Ausnahme von Seniorenwohnheimen – in den meisten Fällen ebenso wenig notwendig wie eine kleine Hymnologievorlesung zu jedem Lied.

An dieser Stelle muss darauf hingewiesen werden, dass es zu dieser Frage vehement verschiedene Meinungen gibt. Die eine Meinung würde argumentieren, es gehe eine Chance verloren, wenn der Gemeinde nicht ein paar Informationen zu den Liedern mitgegeben wird. Die mitfeiernde Gemeinde hat nicht mehr ein Liedrepertoire und eine Vertrautheit mit den Liedern wie früher. Deshalb würden Vertreter:innen der einen Gruppe dafür plädieren, Lieder einzuführen, Textpassagen zu erklären, schwierige theologische Begriffe und Konzepte, so sie in einem Lied vorkommen, anzusprechen und nicht einfach die alten und oft unverständlichen Texte unkommentiert singen zu lassen. Es gibt bei dieser Ansicht zwei Motivationen. Das eine ist der Lehrwert, also hymnologisches und theologisches Wissen wird anhand von Liedern vermittelt, weil sie wertvolle theologische Texte sind. Der andere Beweggrund ist die Annahme, die feiernde Gemeinde ist nicht mehr so firm und geübt in Liturgie und Ablauf und braucht möglichst viele Informationen, um der Feier folgen zu können und sich ganz darauf einlassen zu können.

Die andere Position würde zustimmen, dass es zu jedem Lied viel Spannendes zu sagen gäbe, zu Takt, Text, Komponisten und anderem, aber sie sehen stärker die Funktion des Lieds. Ein Lied erfüllt in der Liturgie eine Aufgabe, ganz unabhängig von all diesen Informationen. Es ist Anbetung Gottes und die einzige Information, die es braucht ist: «Wir singen ‹Grosser Gott wir loben Dich› unter der Nummer 247.» Auch die Strophen sind ja angeschlagen und müssen deshalb nicht unbedingt angesagt werden. Nach dieser Meinung führen zu viele Informationen zur Übermoderation und es besteht die Gefahr, alles erklären zu wollen, obwohl die Liturgie davon lebt, dass ihre Elemente nicht immer voll intellektuell erfasst und ergründet werden müssen,[144] sondern auch einfach ihre Wirkung entfalten dürfen. Möchte man der Gemeinde unbedingt Informationen zu einem Lied geben, so kann sich auch einmal eine Liedpredigt anbieten, bei der das explizit zum Thema gemacht wird. Will man in jedem Gottesdienst die Gemeinde informieren, so könnte man beim Ausgang ein Blatt auslegen – wie es auch manche Musizierende tun – auf dem über die Musik im Gottesdienst informiert wird.

---

144 Vgl. Plüss, Simple, 26 f.

So stehen sich diese zwei Meinungen gegenüber und sehr wahrscheinlich treten beide nicht in Reinform auf. Die erste Gruppe sagt gewisse Lieder sicher auch manchmal knapp an und die zweite Gruppe kommentiert gelegentlich auch einmal ein Lied. Von der Tendenz sollte man sich klar sein, zu welcher Gruppe man gehört. Hat man sich für ein Lied entschieden, das eher schwierig zu Singen ist oder wenig bekannt, ist es denkbar, dass das Lied vor dem Gottesdienst mithilfe des Organisten, der Organistin eingeübt wird, mit denen, die schon da sind. Vor allem aber das Eingangslied und das Schlusslied sollten gut zum Mitsingen sein und der Gemeinde etwas mitgeben. Sie sind wichtig für die generelle Atmosphäre im Gottesdienst und für das Gefühl, mit dem die Menschen nach dem Gottesdienst in ihre Woche gehen.[145]

## 2.8 Bewegen im Gottesdienst

Dieses Thema weckt bei Reformierten vermutlich am meisten Argwohn. Doch an dieser Stelle ein engagiertes Plädoyer für die Bedeutung von Bewegungen und für das ästhetische Empfinden im Gottesdienst, auch wenn das Wort im Zentrum steht. Alles um das Wort herum kann der Aufnahme dessen entweder förderlich, neutral oder abträglich sein.

---

145 Nach dieser sehr kurzen Einführung sei verwiesen auf hilfreiche Literatur zum Thema: Marti, Andreas: Singen – Feiern – Glauben. Hymnologisches, Liturgisches und Theologisches zum Gesangbuch der Evangelisch-reformierten Kirchen der deutschsprachigen Schweiz, Basel 2001. Sehr umfangreich ist der Ökumenische Liederkommentar der Reformierten und Katholischen Gesangbuchvereine Schweiz zum Katholischen, Reformierten und Christkatholischen Gesangbuch der Schweiz, Basel/Freiburg/Zürich 2001–2009.

## *Liturgisches Schreiten*
Ein Gottesdienst ist ein Fest und damit es die Mitfeiernden als ein solches empfinden, muss die Atmosphäre stimmen und das, was im Gottesdienst passiert, angemessen sein. Das beginnt mit dem Gehen. Der Liturg, die Liturgin muss am Anfang und am Ende an ihren jeweiligen Platz kommen und auch zwischen den einzelnen liturgischen Stücken ist es zwar möglich, aber nicht wünschenswert, festverwurzelt an einem Ort zu bleiben. Das heisst zwangsläufig, dass sich die Gottesdienstleitenden innerhalb der Liturgie bewegen müssen. Abgesehen von einer Prozession ist diese Bewegung von A nach B nie ein liturgischer Akt an sich. Trotzdem ist es nicht dasselbe wie von einem Supermarktregal zum anderen zu laufen. Liturgisches Schreiten ist ein kontrolliertes, ruhiges Gehen, das im Tempo dem Raum und der Stimmung angemessen ist. Von «liturgischem Schlendern» ist abzusehen, da die fehlende Körperspannung und Kontrolle den Eindruck von Gleichgültigkeit oder Geringschätzung gegenüber dem gottesdienstlichen Geschehen ausdrücken, ob gewollt oder nicht. Eigentlich gilt: Der Weg ist im gottesdienstlichen Handeln und im Glauben immer wichtig.

## *Liturgische Orte im Raum*
Wo der richtige Sitzplatz oder die richtigen Sitzplätze sind, wurde oben bereits angesprochen (siehe Abschnitt IV. 2.1). Bezüglich des Sitzens und des Stehens gilt, praktisch ist nicht immer gut. Beim Sitzen sind kurze Wege zur Kanzel oder zum Abendmahlstisch nicht immer besser, wenn von der Gemeinde aus gesehen hinter der Kanzel nur ein halber Kopf hervorschaut. Aber auch die Orte, wo der Liturg, die Liturgin für die verschiedenen liturgischen Teile steht, müssen überlegt sein und dürfen auch variieren. Häufig stehen reformierte Liturg:innen den ganzen Gottesdienst über am selben Ort, manchmal sogar für die Predigt. Das heisst, es finden keinerlei Ortswechsel statt in Kirchen, die unzählige Orte anbieten, von denen aus gesprochen werden könnte.

## IV. Getting Ready: Eine liturgische Handreichung

So könnte die Begrüssung von den Stufen aus frei gehalten werden. Das Eingangsgebet nach dem ersten Lied könnte vom Abendmahlstisch (dahinter oder davor stehend) gehalten werden, während die Lesung am Ambo gelesen wird. Für die Predigt gibt es die Möglichkeiten Ambo oder Kanzel. Für den Segen ist darauf zu achten, dass zwischen der Gemeinde und Liturg:in kein Objekt als physische Blockade steht, das heisst der Segen kann auch vor dem Abendmahlstisch oder auf den Stufen stehend gesprochen werden. Es soll schlussendlich kein willkürliches Wechseln des Platzes sein, aber wenn man sich drei liturgische Orte im Raum für bestimmte Handlungen auswählt, ist der Raum erstens besser genutzt, zweitens ist es für die Mitfeiernden ansprechender und interessanter und drittens macht es im besten Fall noch theologisch Sinn. So ist der Ambo der Ort der Lesung und – falls nicht von der Kanzel, dann auch – der Verkündigung, der Abendmahlstisch der Ort des Sakraments und des Gebets, vorne in der Mitte, näher bei der Gemeinde ist der Ort des Segens.

### *Liturgische Gymnastik*

Nach diesen Überlegungen zum Sitzen und Stehen der Liturgin, des Liturgen, bleibt nun noch das Sitzen und Stehen der Gemeinde zu bedenken. Es gibt reformierte Gottesdienste während denen die Gemeinde kein einziges Mal aufsteht. Das ist schade. Nun hat das Reformierte bereits alle anderen liturgischen Bewegungen, wie das Knien, das Verbeugen, die kurze Kniebeuge abgeschafft, aber der Wechsel von Stehen und Sitzen sollte genutzt werden. Dabei wäre Einheitlichkeit wünschenswert. Es kann auch Sinn machen, in wenigen Worten bei der Begrüssung anzusagen, wie es mit dem Stehen und Sitzen im Gottesdienst sein wird. Das verhindert, dass diese Ansagen einmal mehr zur Übermoderation im Verlauf des Gottesdienstes verleiten. Es gibt viele Möglichkeiten, aber es spricht viel für das Aufstehen zu allen Liedern, zum Unservater und zum Segen. Mit drei Ansagen kann man dazu für den ganzen Gottesdienst auskommen. Bei der Ansage des ersten Lieds: «Wir singen ‹Grosser Gott wir loben Dich› unter der Nummer 247. Wir stehen für alle Lieder in diesem Gottesdienst, wem das möglich ist.» Dann beim Unservater: «Wir beten gemeinsam, wie Jesus uns zu beten gelehrt hat. Wir stehen dazu auf.» Und schliesslich beim letzten Lied: «Wir singen ‹Wer nur den lieben Gott lässt walten› unter der Nummer 681 und stehen dazu und zum anschliessenden Segen auf.» Mehr braucht es nicht und wenn man öfters in derselben Gemeinde ist, ist das irgendwann auch so eingespielt, dass es keiner Ansage mehr bedarf.

Eine andere Möglichkeit wäre das Aufstehen zu den Gebeten. Jedoch ist die natürliche Grundhaltung zum Singen das Stehen – wie alle Chorleitenden bestätigen werden – während viele beim Beten sich eher im Sitzen leicht nach vorne neigen und sich ins Gebet vertiefen.

### 2.9 Gesten, Zeichen und anderes

Während es in der katholischen oder anglikanischen Kirche zu diesem Abschnitt ganze Bücher gibt, fällt er hier sehr kurz aus. Auch wenn manche Gottesdienstgestaltenden mit der ein oder anderen liturgischen Geste experimentieren, sind sie in der Breite eher unüblich. Daneben gibt es aber rein pragmatische Gesten, die auch im reformierten Kontext notwendig sind.

*Hinsetzen*

Am Ende des Unservaters steht die Gemeinde, niemand bewegt sich und alle schauen etwas unsicher. Wie bekommt der Liturg, die Liturgin die Gemeinde zum Hinsetzen, ohne in diesen Moment, in dem das Gebet noch nachklingt, hineinsprechen zu müssen. Eine Möglichkeit ist, mit beiden Händen, Handflächen nach unten, vor dem Körper, etwa auf Brustbeinhöhe eine langsame Abwärtsbewegung zu machen. Nicht gut wirkt es, mehrfach schnell hintereinander eine Bewegung mit den Händen zu machen, was zum Fuchteln ausarten kann.

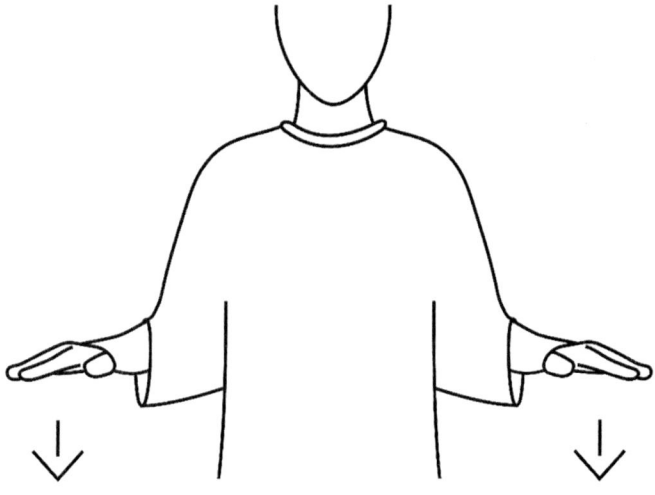

Eine andere Möglichkeit wäre es, eine bekannte Person – evtl. die Lektorin –, die in der ersten Reihe sitzt, als Vorbild zu nutzen und mit dieser Person abzusprechen, wann sie die Gemeinde zum Hinsetzen animieren kann.

*Segensgesten*
Die Gebetshaltung wurde im entsprechenden Abschnitt zum Gebet schon angesprochen. Ein wichtiger liturgischer Akt, bei dem eine Geste auch in vielen reformierten Gemeinden üblich ist, ist der Segen. Dieser wird nochmals gesondert angesprochen, doch zur Geste sei hier bereits etwas gesagt. Diese hängt davon ab, ob um den Segen gebeten wird, oder dieser zugesprochen wird. Bei einer Segensbitte («segne uns und behüte uns …») ist es üblich, dass die um den Segen bittende Person entweder die Hände auf Gürtelhöhe mit den Handflächen nach oben ineinanderlegt, oder die Hände

mit nach oben geöffneten Handflächen rechts und links vom Körper leicht nach vorne gestreckt hält.

Spricht die Person der Gemeinde den Segen zu, spendet sie den Segen, so werden dazu häufig die Arme gehoben. Oft sieht man die Haltung, bei der die Oberarme waagrecht zu den Schultern und die Unterarme rechtwinklig dazu, parallel zum Körper mit den Händen auf Kopfhöhe und zur Gemeinde hin offenen Handflächen gehalten werden. Diese Geste erinnert aber an das «Hände-hoch», wenn die Polizei den Bankräuber, die Bankräuberin erwischt. Eine andere Variante wäre, die leicht angewinkelten Arme – ebenfalls auf Kopfhöhe – nach vorne zu strecken. Die Hände sollten dabei nicht völlig waagrecht sein, da das wirken kann, als wolle man die Gemeinde von oben nach unten drücken.

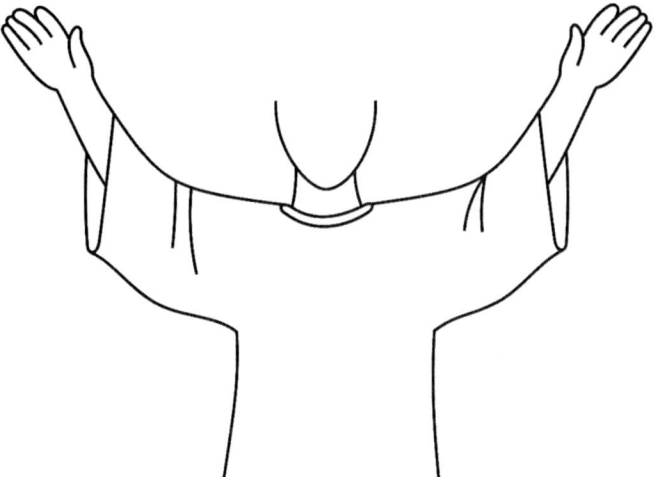

Es empfiehlt sich, dies vor dem Spiegel etwas auszuprobieren, um eine Haltung zu finden, mit der man sich wohl fühlt. Vielleicht fragt man auch jemanden nach der Wirkung dieser Gesten. Ein praktischer Tipp: Es ist erstaunlich, wie schlecht man selbst einschätzen kann, ob die Arme gerade und auf gleicher Höhe gehalten werden oder nicht. Es sieht aber ausgesprochen komisch aus, wenn die Schultern nicht gerade sind, sondern eine Seite schräg herabhängt. Mit derlei Gesten sind kleine Fallstricke verbunden, aber es lohnt sich, sich damit zu beschäftigen.

### *Stille – mehr als eine Geste*
Ein anderes Thema, das nichts mit Gesten zu tun hat, aber gut zu den Varia in diesem Abschnitt passt, sind Pausen bzw. Zeiten der Stille. Diese werden in den letzten Jahren wieder häufiger in die Gottesdienste eingefügt und bei den Mitfeiernden sind sie sehr beliebt. Besonders reformierte Gottesdienste sind sehr wortlastig. Zeiten der Stille anerkennen erstens, dass Gott nicht nur durch die ausgesprochenen Worte der Liturgin reden kann und zweitens, dass die vielen gesprochenen Worte auch bei der Gottesdienstgemeinde Zeit und Raum brauchen um nachzuklingen. Vor allem eine Stille im Fürbittengebet anerkennt, dass die stellvertretend für die Gemeinde gesprochenen Gebete nicht allumfassend sind und eine solche Stille gibt die Möglichkeit, eigene Bitten, eigenen Dank vor Gott zu bringen.

Es ist etwas völlig kontra-kulturelles für uns Menschen heute, gemeinsam still zu sein. Wenige von uns schaffen es heute noch, alleine still zu sein. Das Smartphone ist allzeit griffbereit um uns in Zeiten des Wartens oder der Stille abzulenken. Als Gemeinschaft Stille auszuhalten ist gar nicht einfach, aber für viele eine wertvolle Erfahrung. Ist man häufiger in einer Gemeinde, kann das auch geübt werden.

Praktisch bieten sich verschiedene Stellen in der Liturgie an. Die üblichste Stelle ist gegen Ende des Fürbittgebets vor dem gemeinsam gesprochenen Unservater. Hier ist keine spezielle Ansage an die Gemeinde notwendig, es genügt, in der Gebetssprache bleibend zu sagen: «In einem Moment der Stille bringen wir vor Dich, Gott, wen oder was wir auf dem Herzen haben.» Dann folgt die

Stille. Diese fühlt sich für die Person, die vorne steht, um ein Vielfaches länger an als für die Gemeinde. Es kann helfen, im Kopf mindestens zwei Mal ruhig das Unservater zu beten. Das ist eine wirkliche Stille. Eine Stille, die nach 10 Sekunden endet, ist eher ein Ärgernis und niemand kann in so kurzer Zeit zur Ruhe kommen. Während der Stille kann der Liturg einen kleinen Schritt vom Mikrofon weg machen und er sollte nicht den Blickkontakt mit der Gemeinde suchen, sondern ihr die Möglichkeit geben, auf ihre je eigene Art zu beten oder Gedanken nachzuhängen.

Andere Möglichkeiten sind eine Stille als Teil des Eingangsgebets oder noch vor dem Gebet als Sammlung der Gedanken. Es kann kurze Stillen geben zwischen den einzelnen Fürbitten, nach der Predigt, nach den Abkündigungen der Verstorbenen oder nach der Austeilung des Abendmahls vor dem Dankgebet. Die Masse macht hier nicht die Qualität. Lieber eine richtige Stille, als viele zu kurze.

## 2.10 Segen

| | |
|---|---|
| Funktion: | Die Segensworte sind die letzten Worte im Gottesdienst. Nach dem Amen erklingt nur noch das Ausgangsstück. Die Menschen werden in den Tag, die Woche, in ihren Alltag ausgesandt mit dem Segen Gottes, der sie begleitet. |
| Bedeutung: | Gott verspricht, den Segen dazuzugeben, wenn jemand einen anderen Menschen segnet. Christ:innen dürfen darauf vertrauen, dass ein Segenszuspruch von Gott gutgeheissen und unterstützt wird. Der Segen hängt nicht von der segnenden Person ab, weshalb ein Segenszuspruch («Gott segne euch/dich») im Gottesdienst genauso möglich ist, wie eine Segensbitte («Wir bitten, Gott, segne uns»). |
| Erwartung: | Viele Gottesdienstbesuchende warten auf den Segen und er ist ein Ritual von hoher Bedeutung. Er wirkt stärker, wenn er frei gesprochen wird. Es gibt viele Menschen, |

IV. Getting Ready: Eine liturgische Handreichung

> welche die Worte des Aaronitischen Segens erwarten, obwohl es viele schöne Alternativen gibt.

Für die Liturginnen und Liturgen ist es das letzte Stück der Zielgeraden. Das kann dazu verleiten, schnell fertig werden zu wollen. Spricht man jedoch mit Gottesdienstbesuchenden, so hört man oft, welch grosse Rolle für viele der Segen einnimmt. Es ist spürbar im Moment des Segens an der andächtigen Stille, der Körperhaltung der Menschen, der Energie im Kirchenraum, wie wichtig dieser für viele Gemeindeglieder ist.

*Segensformeln*
Natürlich gibt es viele Möglichkeiten, viele verschiedene Segensformeln, die an dieser Stelle gesprochen werden können. Eine Gemeinde geniesst es manchmal auch, einen anderen Segen zugesprochen zu bekommen. Sehr beliebt sind irische/keltische Segen oder andere Segenswünsche, die bekannten Heiligen wie Franziskus, Patrick oder Hildegard von Bingen zugeschrieben werden.

Trotzdem ist in vielen reformierten und lutherischen Gemeinden der Aaronitische Segen nach wie vor der Klassiker. Es werden verschiedene Meinungen vertreten, doch die Wiederholung desselben Segens von Woche zu Woche hat durchaus ihre Berechtigung. Die Bekanntheit und Erwartbarkeit lässt es nicht abgedroschen wirken, sondern hilft der Gemeinde, sich in die bekannten Worte und so in die tragenden Hände von Gottes Segen fallen zu lassen.

Nun könnte man meinen, die alte Segensformel (die biblische Segensformel gar: Num 6,22–27) sei ziemlich eindeutig, doch weit gefehlt. Jede Pfarrperson bringt die eigenen theologischen Überzeugungen, Ansprüche an Ästhetik, Gruppendynamik und Gendersensibilität mit.

Der biblische Text kann natürlich verschieden übersetzt werden, aber ist grammatikalisch recht eindeutig im Singular an eine

Person («segne dich») und nicht im Plural an eine Gruppe («segne euch») gerichtet. Ebenso ist der biblische Text darin eindeutig, dass es sich um den Zuspruch eines Segens handelt und nicht um eine Bitte um den Segen («Wir bitten, Gott, segne uns»).

Es gibt Puristen, die nur eine Version akzeptieren. Zunehmend wird es jedoch für vertretbar erachtet, Anfragen an den Text zu stellen und Anpassungen vorzunehmen. Der Nachteil davon: Mit dem Wechsel des Liturgen wechselt der eigentlich gleiche Segen. Der Vorteil: Moderne Ansprüche an liturgische Sprache können berücksichtigt werden. Doch der Reihe nach:

*Uns, Euch oder Dich*
Darüber können hochemotionale Debatten entbrennen. Eine ganze Generation Liturg:innen wurde von der Theologie geprägt, dass man den Segen nicht «autoritär» zusprechen und sich damit absondern dürfe, sondern darum bitten müsse. Deshalb hört man in diesen Kreisen fast ausschliesslich die Bitte «Gott, segne uns». In der Diskussion kann es an dieser Stelle auch nicht um ein richtig oder falsch gehen. Die Argumente, die für den Zuspruch des Segens sprechen, sind jedoch gewichtig:

Die Person, die den Segen zuspricht, ist nicht Quelle des Segens. Segnen tut immer Gott. «Denn ihr sollt meinen Namen auf die Kinder Israels legen, dass ich sie segne» (Num 6,27), so geht der biblische Text weiter. Gott gibt die Zusage, dass, wenn Menschen einander den Segen zusprechen, Gott ihnen Segen gibt und nicht vorenthält. Gott verspricht, einen von Menschen zugesprochenen Segen zum wirkmächtigen Geschehen werden zu lassen. Das hat nichts mit der Würdigkeit der zusprechenden Person zu tun, auch nicht mit Anmassung einer besonderen Autorität. Es ist Gottes Gnade, dass er Segen mehren möchte. In Anbetracht dessen wirkt die Zurückhaltung gegenüber dem Zuspruch von Segen wie eine falsche Bescheidenheit, die schlussendlich doch die eigene Stellung im liturgischen Geschehen überschätzt und Gottes Rolle unterschätzt. Diese Gewissheit, als Gesegnete Gottes aus dem Gottesdienst zu gehen, sollte der Liturg, die Liturgin der Gemeinde nicht nehmen, indem der Segen als Bitte formuliert wird. Das gilt auch bereits für die Einleitung des Segens. «Wir bitten um den Segen Gottes.» «Empfangt den Segen Gottes.» «Geht mit dem Segen Gottes / als Gesegnete Gottes in die neue Woche». Es gibt unzählige Einleitungsformeln. Wichtig ist, dass sie zu dem passt, was dann folgt.

*Die Sache mit dem HERRN*
Nun ist schon lange bekannt, und in manchen Kreisen emotional diskutiert, dass es viele Menschen gibt, die mit der Umschreibung des Gottesnamens, der in der biblischen Segensformel steht, nämlich JHWH, als HERR Probleme haben. Wer den Segen sensibel für solche Anliegen und auch gendersensibel sprechen möchte, könnte zum Beispiel auf diese Version zurückgreifen:

> Gott segne dich und behüte dich.
> Gott lasse das Angesicht leuchten über dir und sei dir gnädig.
> Gott hebe das Angesicht auf dich und schenke dir Frieden.

Die Umschreibung des Gottesnamens mit «Gott» halte ich in diesem Kontext für voll vertretbar und das Vermeiden der männlichen Pronomen fügt dem Segen ebenfalls keinen Schaden zu. Das ist eine Möglichkeit von vielen und an dieser Stelle nur als Vorschlag gedacht. Was ist gewonnen? Vielleicht fühlen sich einige Menschen mehr angesprochen, die hadern könnten mit einem maskulinen, autoritären Gottesbild. Ein kleiner Schritt dahin, dass wir unser stark internalisiertes Bild von Gott als altem Mann mit Bart hinter uns lassen, ein kleiner Schritt dahin, dass wir uns von einem rein männlichen Gottesbild freimachen und Gott wieder als den ganz Anderen, die Kraft jenseits unserer Vorstellungen erfahren und glauben.

*Andere Formeln*
Andere Traditionen nutzen nicht den Aaronitischen Segen sondern eine trinitarische Segensformel. Diese hat auch in einem evangelischen, auch in einem reformierten Gottesdienst ihren Platz. Gelegentlich kann der Aaronitische Segen mit der trinitarischen Formel geschlossen werden.

> […] und schenke dir Frieden. Und so segne euch Gott, Vater, Sohn und Heiliger Geist / Heilige Geistkraft.

Diese Variante bietet sich besonders bei ökumenischen Feiern an, vor allem in Alters- und Pflegeheimen, wo verschiedene Konfessionen in den Gottesdienst kommen. Es gibt Einwände, die es als christliche Anmassung sehen, den jüdischen Segen JHWHs mit der christlich-trinitarischen Formel zu schliessen. Das ist ein Einwand, der nicht achtlos beiseite gewischt werden soll, doch wer beim Christentum die Frage der kulturellen oder religiösen Aneignung aufwirft, hat viel Arbeit vor sich, die nicht erst beim Segen beginnt. Eine intensive Auseinandersetzung kann an dieser Stelle nicht stattfinden, sollte aber erwähnt sein.

Damit kommt der chronologisch vorgehende Teil zum Ende und die folgenden Kapitel greifen einzelne Elemente aus dem Gottesdienst heraus und betrachten diese nochmals gesondert.

## 3. Predigt

| Funktion: | In der Predigt wird die Schriftlesung bzw. der Predigttext für die Gemeinde ausgelegt. Der Text und das Geschilderte wird historisch eingeordnet und für die Gemeinde durch Aktualisierung relevant. Die Predigt unterscheidet sich durch ihre Form der Rede von den anderen liturgischen Stücken. Die Predigt hat im reformierten Gottesdienst vielerlei Funktionen: Sie vermittelt Trost, Hoffnung, |
|---|---|

IV. Getting Ready: Eine liturgische Handreichung

|  | stärkt im Glauben, gibt Zweifeln Raum, reflektiert die Gegenwart im Licht der biblischen Geschichten und vermittelt Wissen. |
|---|---|
| Bedeutung: | In der Predigt ereignet sich nach Meinung der Reformatoren Gottes Wort, wird es manifest. Die Idee ist, dass die Schriften der Bibel durch die Auslegung transparent werden für Gottes Wort, das durch sie hindurch in unsere Welt und Zeit strahlt und spricht. |
| Erwartung: | In einem klassischen reformierten Gottesdienst wird ein Text, oder manchmal auch mehrere im Gottesdienst gelesene Texte ausgelegt. Die Dauer schwankt zwischen 15–20 Minuten, wobei die Tendenz zu kürzeren Predigten geht. |

Es kann nicht Sinn und Zweck dieser Ausführungen sein, ein Homiletiklehrbuch zusammenzufassen. An dieser Stelle sei auf grossartige Lehr- und Praxisbücher verwiesen.[146] Dieses Kapitel fasst nur einige Kerngedanken zum Weg vom Text zur Predigt und zur Performanz, zum Predigtvortrag zusammen.

---

146 Hier nur eine sehr kleine Auswahl: Charbonnier, Lars / Merzyn, Konrad / Meyer, Peter (Hg.): Homiletik. Aktuelle Konzepte und ihre Umsetzung [elementar: Arbeitsfelder im Pfarramt], Göttingen/Bristol CT 2012; Deeg, Alexander / Nicol, Martin: Im Wechselschritt zur Kanzel. Praxisbuch Dramaturgische Homiletik, 2. überarbeitete Neuaufl., Göttingen 2013 (2005); Deeg/Plüss, Liturgik; Engemann, Wilfried: Einführung in die Homiletik. 2. vollständig überarbeitete und erweiterte Aufl. [UTB 2128], Tübingen/Basel 2011 (2002); Grözinger, Albrecht: Homiletik [Lehrbuch Praktische Theologie Bd. 2], Gütersloh/München 2008.

## 3.1 Der Weg zur Predigt

*Perikopenordnung oder Thema*
Die Wege vom Text zur Predigt sind so vielfältig wie es Prediger:innen gibt. Es beginnt schon bei der Frage, wie man überhaupt zum Bibeltext für die Predigt kommt. Geht man überhaupt von einem Text aus oder ist der Ausgangspunkt ein Thema, zu dem man in der Vorbereitung Texte sucht? Folgt die Textrecherche einer festen Leseordnung, einem Lektionar, einer Perikopenordnung, oder ist sie völlig frei? Für Prädikantinnen und Prädikanten ist hier sicher wichtig, sich mit der Pfarrperson vor Ort abzusprechen. Folgt die Gemeinde einer Leseordnung, sollte die Gastpredigerin nicht mit dieser Tradition brechen. Generell wäre es gut, mit der Pfarrperson über mindestens die letzten beiden Texte zu sprechen, damit es nicht passiert, dass zwei Sonntage in Folge die gleichen Texte vorkommen und im Zentrum stehen. Es gibt für das Verwenden einer Ordnung wie auch dagegen unzählige Argumente, die in regelmässigem Abstand in den reformierten Kirchen immer wieder einmal durchgedacht werden. Diese Debatte soll hier nicht geführt werden.

Folgt man einer Leseordnung, kürzt dies auf jeden Fall den Prozess etwas ab, da in der Vorbereitung nicht erst noch über mögliche Texte nachgedacht werden muss. Wieder parallel laufen beide Herangehensweisen sobald ein oder mehrere Texte feststehen. Dann folgt das sogenannte «Schwanger Gehen» mit dem Text. Die predigende Person nimmt den Text mit in den Alltag, trägt ihn durch die Woche hindurch und reflektiert Erlebnisse, Gedanken, Ereignisse in der Welt vor dem Hintergrund des Textes.

In einem nächsten Schritt kann es Sinn machen, Literatur hinzuzuziehen. Das können Kommentare und wissenschaftliche Texte sein, aber auch lyrische Texte, welche die Auslegung vielleicht bereichern können. Manche empfinden es als gewinnbringend, Freunden oder Bekannten den Text zu erzählen und darüber zu sprechen, nach Möglichkeit vielleicht auch mit einer Gruppe aus der Gemeinde.

### *Das Take-Away*

An dieser Stelle gibt es nun häufig zwei verschiedene Situationen: Entweder man schwimmt in Ideen für die Predigt und weiss gar nicht, wo anfangen, oder es herrscht gähnende Leere. Selten gibt es das Ideal der einen perfekt scheinenden Idee; zu viele Ideen oder gar keine ist eher der Normalzustand und ein ganz normaler Krisenmoment der meisten Prediger:innen.

Wenn es dann Ideen gibt, kann es für die Struktur der Predigt wertvoll sein, einen Kerngedanken für sich selbst zu formulieren. Was ist die eine Hauptaussage meiner Predigt, mein *Take Away,* das ich den Hörenden auf jeden Fall mitgeben möchte? Diese Kernidee kann helfen, trotz vieler Nebenideen und Dinge, die auch noch spannend wären zu sagen, den roten Faden zu behalten und auch wirklich dort zu landen, wo man es sich vorgenommen hat. Manchmal bietet sich diese Kernidee auch als strukturierendes Element an. Es kann ein Stilelement sein, wenn die Predigt von einem regelmässig wiederkehrenden Refrain strukturiert wird. Es ist möglich, dass die Kernidee für die Predigt zu diesem Refrain wird.

### *Die Sache mit der Authentizität*

Zwei Erkenntnisse, die sehr banal scheinen, sind in der Predigttätigkeit sehr wichtig: 1. Man predigt immer auch sich selbst und 2. man predigt immer auch zu sich selbst. Aufmerksame Predigthörende können erkennen, welche Themen die Predigerin, den Prediger gerade selbst beschäftigen, wo es hakt, wo es gut geht und das ist wichtig zu wissen, denn Predigthörende sind sehr sensibel, wenn Prediger:innen Dinge sagen, hinter denen sie eben gerade nicht stehen. Hat man als Prediger:in selbst eine Krise mit der Gerechtigkeit Gottes wegen der Ereignisse in der Welt oder im eigenen Leben und predigt man darüber, dann offenbart man gegebenenfalls viel über sich. An dieser Stelle gibt es verschiedene schmale Grate, von denen man auf der einen oder anderen Seite herunterfallen kann. Entscheidet man sich, entgegen der eigenen momentanen spirituellen Situation zu predigen, kann es sein, dass es unauthentisch wirkt.[147] Es kann aber auch sein, dass man es auf eine Art tut, sodass man sich selbst Mut zuspricht und sich Dinge zusagt, die auch für Gemeindeglieder wertvoll sind. Entscheidet man sich, seine spirituellen Herausforderungen anzunehmen und in die Predigtarbeit einfliessen zu lassen, ist die andere Gefahr, nicht nur persönlich und authentisch zu sein, sondern ins Private abzurutschen. Das kann für die Gemeinde unangenehm und gar peinlich sein, das kann auch die predigende Person zu sehr in den Mittelpunkt des Geschehens rücken. Gelingt es aber, ohne privat zu werden, persönlich und offen eigene Fragen, Themen, eigenes Ringen fruchtbar zu machen, dann kann das für die Gemeinde in hohem Masse wertvoll sein. In jeder Gemeinde gibt es zu allen Zeiten einen bedeutenden Teil an Gemeindegliedern, die selbst mit verschiedensten Fragen und Zweifeln konfrontiert und unterwegs sind. Das Hadern mit der Gerechtigkeit in der Welt ist immer ein Thema aller Gläubigen, mit dem es manchmal leichter fällt umzugehen und manchmal schwerer.

Die Unterscheidung von *persönlich* und *privat* hat nicht nur Gültigkeit im Zusammenhang mit persönlichen Glaubenskrisen oder schwierigen Phasen, sondern generell beim Predigen. Persönlich und transparent sein wird oft geschätzt von Predigthörenden, privat zu werden, verursacht hingegen bei verschiedensten Themen das Gefühl des Fremdschämens. Predigende stehen als Menschen auf der Kanzel, aber nicht als Privatpersonen.[148]

---

147 Vgl. dazu die Gedanken von David Plüss zur Authentizität: Plüss, Simple, 25 f.

148 Zum Stichwort Fremdschämen passt auch ein kleiner, nett gemeinter Hinweis eines sogenannten *Millenials* (die Generation mit den Geburtsjahren ca. 1980–1995): Singen während der Predigt ist – abgesehen die

IV. Getting Ready: Eine liturgische Handreichung

*Der Bibeltext*
Welche Rolle spielt der Bibeltext in der Predigt? Die Frage scheint banal, da der Bibeltext natürlich Grundlage der Predigt ist. Wie sich das in der Praxis gestaltet, ist jedoch gar nicht so eindeutig, wie es scheint. Manche Predigende entscheiden sich von vornherein, eine Themenpredigt zu halten. Dort werden von einem Thema ausgehend viele Bibeltexte herangezogen. Das kann sehr aufschlussreich sein, es kann allerdings auch in ein Bibelvers-Slamming (oder Bashing) ausarten. In der Regel sind einzelne Perikopen oder manchmal sogar einzelne Verse so tief und gesättigt an Aussagen und Bedeutung, dass weniger mehr sein kann. Anstatt viele Bibelverse aus ihrem Kontext zu reissen und oberflächlich anzuschneiden, kann es eine gute Idee sein, einen Text oder wenige Verse ausgiebiger zu behandeln, in die Tiefe zu gehen, die Perspektiven zu wechseln und vor allem in einer Bildwelt zu bleiben und nicht mehrfach den Erzählzusammenhang zu ändern. Gleiches gilt auch für das Heranziehen nichtbiblischer Geschichten zur Vertiefung oder Illustration des Bibeltextes. Das bildreiche Erzählen einer Geschichte kann das Verständnis eines Bibeltextes erweitern und vertiefen. Hat ein Prediger viele Geschichten zur Hand und viele Ideen, wird es inflationär und die Hörenden werden in kurzen Abständen aus einem Erzählzusammenhang herausgerissen und in einen neuen geworfen.

*Der fesselnde Anfang*
Dem Anfang besondere Aufmerksamkeit zu widmen ist nie verkehrt. Die meisten Hörenden entscheiden in den ersten Momenten der Predigt, ob es sich lohnt zuzuhören. Vielleicht kann man an der

---

Predigerin ist ausgebildete Opernsängerin oder dergleichen – Singen während der Predigt ist wirklich *out* und für Menschen meiner Generation oder jünger ausgesprochen peinlich.

## 3. Predigt

Stelle darüber nachdenken, ob man die so wertvollen ersten 10 Sekunden dafür verwenden möchte, wie immer mit den Worten «Liebe Gemeinde» zu beginnen. Warum nicht mal *in medias res;* einfach reinspringen in eine Geschichte oder mit einer provokanten Aussage beginnen? Ein starker Anfang aktiviert die Aufmerksamkeit der Predigthörenden, weckt Bilder und Assoziationen und wirft Fragen auf, die im Idealfall die Relevanz des Folgenden klarmachen. Ein starker Anfang will aber auch eingefangen werden. Mit einem Feuerwerk beginnen und danach lauwarm plätschernd weiterfahren, diese Gefahr ist grösser als man denkt. Der Vorwurf gegen einen starken, vom Bibeltext inspirierten, vielleicht überraschenden Anfang ist oft, dass der Bibeltext lediglich als «Sprungbrett» missbraucht wird und die Predigerin dann einfach die Botschaft sendet, die sie schon immer einmal sagen wollte, ganz unabhängig vom Bibeltext. Selten lösen sich die entwickelten Aussagen jedoch komplett vom Ausgangspunkt und des Impulses des Bibeltextes. Bei jeder Predigt muss man aufs Neue die Rolle des Bibeltextes reflektieren. Wichtig ist, dass es nicht einen einzigen richtigen Weg gibt. Es kann durchaus einmal legitim sein, vom Sprungbrett zu springen, freizuschwimmen, einmal im lauwarmen Wasser oder einmal im eiskalten Wasser, das alle aufschreckt. Die Abwechslung macht viel aus.

Häufig zu beobachten ist, wie sich Predigende um einen vermeintlich «lebensnahen» Einstieg bemühen, der die Leute da abholen soll, wo der Prediger, die Predigerin sie vermutet – mal näher, mal weiter von der Realität entfernt. Ziemlich schnell wird die vermeintlich «moderne» Eröffnung dann aber transparent für die Jesus-Kurve, die etwas gekünstelt daherkommt und das «Abholen» als anbiedernden Versuch entlarvt.[149] Der Mut, es einmal anders zu machen, es konsequent anders zu machen und etwas auszuprobieren kann erfrischend sein. Wenn man der Überzeugung ist, Gott

---

149 Vgl. Feddersen/Gessler, Phrase Unser, 48f.

sollte in einer Predigt auf jeden Fall eine Rolle spielen, dann sollte man vielleicht nicht gezwungen nichtreligiöse Geschichten suchen um am Schluss auf verschlungenen Wegen doch noch bei Gott zu landen. Geschichten können überraschend sein und die Frage aufwerfen, wie man sie wieder einholt, aber es hilft, von Anfang an der Predigt als religiöser Rede treu zu bleiben und die Referenzen Bibeltext und Gott miteinzubeziehen.

An dieser Stelle muss es bei diesen wenigen Gedanken zur Predigt bleiben. Sie sollen als pointierte Ansichten zu einigen wichtigen Fragen bei der Predigtarbeit dienen, die durch Zustimmung oder Widerspruch dazu beitragen, einen eigenen Predigtstil und eine eigene Predigttheologie zu entwickeln. Im nächsten Kapitel geht es um einige praktische Fragen zum Halten der Predigt.

### 3.2 Das Halten der Predigt

Die Grundregeln der Rhetorik beherrschen viele Prädikantinnen und Prädikanten aus ihrem Berufsleben, oder sie haben sie im Rahmen der Ausbildung durch Rhetorikkurse erworben. Das Halten der Predigt bringt darüber hinaus eine Reihe spezifischer Themen mit sich, von denen hier nur eine Handvoll angeschnitten werden.

*Von wo predigen*

Bevor die eigenen rhetorischen Fähigkeiten zum Einsatz kommen können braucht es die Entscheidung, von wo die Predigt gehalten wird. Manche Kirchen bieten da gleich mehrere Optionen: Kanzel, Ambo und zum Teil noch Abendmahlstisch mit Lesepult. Eine klare Tendenz unter Predigenden in der Schweiz ist es, die Kanzel zu meiden und von der gleichen Ebene zu predigen, auf der die Hörenden sitzen. Dieser Impuls ist nachvollziehbar und möchte zum einen vermeiden, oberlehrerhaft, autoritär von oben herab zur Gemeinde zu sprechen, zum anderen, haben manche Kanzeln eine Höhe, die es schon fast lächerlich macht, vor überschaubarer Schar dort hinaufzuklettern. Da muss jede Predigtperson ihren Stil finden. Auch hier gilt das oben schon Gesagte, dass Ortswechsel durchaus gut sein können für die Aufmerksamkeit aber auch theologisch sinnvoll. Wird vom Abendmahlstisch aus gebetet, könnte die Lesung und die Predigt vom Ambo aus gehalten werden, oder die Lesung vom Ambo, die Predigt von der Kanzel. Ist die Kanzel, wie in manchen 50/60er Jahre Kirchen sehr niedrig und eigentlich nicht mehr als ein erhöhter Ambo, könnte eine prinzipielle Ablehnung der Kanzel auch hinterfragt werden. Für Festgottesdienste, bei grosser Gemeinde oder bei sonstigen besonderen Anlässen, kann es die Festlichkeit des Tages markieren, wenn die Predigt von der Kanzel gehalten wird. Es ist aber auch durchaus legitim, wenn sich die Predigerin, der Prediger damit wohlfühlt, jeden Sonntag von der Kanzel zu predigen.

*Frei oder mit Manuskript*
Ist man einmal am Predigtort, sei es Kanzel oder Ambo, angekommen und hat einen Moment innegehalten und gut ein- und ausgeatmet kann es losgehen. Doch liest man die Predigt nun vom Manuskript, hält man sie frei oder wählt man eine Mischform? Viele Hörende empfinden freigehaltene Predigten als besonders ansprechend. Deshalb hat diese Art zu predigen einen gewissen Ruf, der perfekte Stil zu sein. Es ist eindeutig, dass ein geübter Freiprediger sehr präsent sein kann und beim Predigen mit den Zuhörenden in einen wirklichen Kommunikationsakt eintreten kann. Eine zu 100 % abgelesene Predigt verhindert das meist. Jedoch kann auch ein völlig ausformuliertes Predigtmanuskript so vorgetragen werden, dass die Predigerin sehr präsent ist und bei den Menschen. Dies braucht zum einen Übung, zum anderen ein gut formuliertes Manuskript mit Hauptsätzen, vielen Verben und damit wenig Substantiven und möglichst ohne Schachtelsätze (also anders als dieser Satz). Es muss gross geschrieben sein, mit Abständen, damit die Augen schnell wieder ihre Stelle finden. Vorteile dieser Art sind die Sicher-

heit, die einem ein ausformuliertes Manuskript gibt, die Möglichkeit, sprachlich ansprechend, spielerisch oder gar sprachkünstlerisch zu sein, was im freien Vortrag ohne Manuskript eher schwierig ist, eine höhere Wahrscheinlichkeit, zu viele Redundanzen (Wiederholungen) zu vermeiden und einem roten Faden nach zu predigen. Schlussendlich ist es auch hier ein Stück weit Typsache oder auch eine Frage des Anlasses: Der Sonntagmorgen ist anders als ein Impuls während einer Wochentagsandacht oder eine Taufansprache. Zu betonen ist jedoch, dass es nicht die eine perfekte Form gibt, d. h. die freie Predigt ist nicht zwingend besser als die mit Manuskript und umgekehrt.

Nun bleibt die Frage, was auf dem Manuskript steht – oder in der freien Predigt –, was eigentlich für eine Sprache gesprochen wird: Mundart oder Schriftdeutsch? Auch das ist eine Frage, die man sich stellen und überlegen muss, bei der es Abwägungen zu treffen gilt, die jedoch keine eine verbindliche Antwort hat. Fragen, die man sich stellen sollte, sind:

- Wie fühle ich mich wohl und authentisch?
- Was ist die Tradition in der Gemeinde?
- Ist es eine Dorfkirche oder eine Stadtkirche?
- Gibt es in der Gemeinde Menschen (Besuchende, Zugezogene, Flüchtlinge …), die Mundart nicht verstehen?

In einer Stadtkirche spräche unter Umständen mehr dafür, Schriftdeutsch zu sprechen, während das in vielen Dorfkirchen aufgesetzt wirken könnte. Wichtig scheint mir, so zu sprechen, dass möglichst viele – am besten alle – in der Gemeinde sprachlich folgen können. Ein Kompromiss kann sein, Begrüssung, Mitteilungen und kurze Sätze (z. B. «Wir beten») auf Mundart, die eigentlichen liturgischen Stücke aber (Gebet, Lesung, Predigt …) auf Schriftdeutsch zu halten. Das ist aber situationsabhängig zu entscheiden und an jedem Predigtort wieder neu, evtl. sogar an einem Predigtort je nach Anlass wieder neu.

*Das Mikrofon und seine Tücken*

Weiss man dann einmal, was man spricht, wie man spricht, ob man abliest, dann bleibt immer noch die Tücke der akustischen Verständlichkeit. Es ist nie verkehrt, das Mikrofon vor dem Eintreffen der ersten Mitfeiernden zu testen. Es empfiehlt sich mehrere Sätze frei und abgelesen hineinzusprechen und den/die Sigrist:in um Rückmeldung zu bitten. Generell ist es aufschlussreich, von Zeit zu Zeit zwei oder drei Mitfeiernde nach dem Gottesdienst zu fragen, wie es um die Verständlichkeit steht. Manchmal ist es mit der Technik ein Kampf gegen Windmühlen, aber manchmal kann man auch an der eigenen Aussprache (z. B. dem Verschlucken von Silben, zu schnellem Sprechen, zu kurzen Pausen usw.) arbeiten. Es ist gut, dass heute die Technik zur Verfügung steht, aber sie verführt manchmal auch dazu, sich zu sehr darauf zu verlassen und zu wenig an der eigenen Stimme, Lautstärke und Deutlichkeit zu arbeiten.

Nach diesen Ausführungen zu Themen des Gottesdienstes und des Sprechens im Allgemeinen, folgen zwei Kapitel, die sich mit besonderen Feiern, nämlich den Sakramenten beschäftigen.

## 4. Sakramente feiern

| | |
|---|---|
| Funktion: | In den evangelischen Kirchen gibt es zwei Sakramente: Taufe und Abendmahl. Sie sind zeichenhafte Handlungen, die im Vollzug während der Feier den Menschen eine besondere Tiefe eröffnen, die über Worte hinausgeht. |
| Bedeutung: | Taufe und Abendmahl sind zeichenhafte Handlungen, verbunden mit Worten, die sich je auf einen Auftrag Jesu selbst beziehen und sich von diesem herleiten und legitimieren. |
| Erwartung: | In der reformierten Tradition werden beide Sakramente, besonders das Abendmahl, im sonntäglichen Gottes- |

> dienst seltener angetroffen als bei den lutherischen Geschwistern. Die Gemeinde hat die Erwartung einer klaren Struktur und Führung mit kurzen und verständlichen Ansagen, da viele Mitfeiernde durch die Seltenheit der Feier keine Routine besitzen.

*Die Symbolkraft – der verlorene Reichtum*

In der Reformationszeit mussten die Sakramente ziemliche Einsparungen hinnehmen. Von sieben wurden sie auf gerade noch zwei reduziert. Diese zwei verbinden und trennen die Christenheit. Die meisten Kirchen, die sich dem protestantischen Gedanken verpflichtet fühlen, teilen die Zweizahl. Es gibt leichte Sonderwege wie die anglikanischen Kirchen, in denen manchmal von den zwei Sakramenten mit Grossbuchstaben und den fünf *sacraments* (mit kleinem «s») gesprochen wird. Auch in den reformierten Kirchen, wo ansonsten Symbolik und Zeichen eine untergeordnete Rolle spielen, haben sich diese zwei Rituale gehalten. Da es im reformierten Raum durch seltene Feiern weniger Übung mit diesen Ritualen – vor allem mit dem Abendmahl – gibt, stellen sie Liturg:innen auch immer wieder vor Herausforderungen. Wie viel Symbolik geht, wie viel Erklärung braucht es, wie viele Regieanweisungen, wie viele feststehende Texte?

Diese Unsicherheiten sind in den Feiern häufig zu spüren. Der symbolische Kern der Handlungen wird dabei oft verdeckt durch zu viel Gerede und er geschieht dann so nebenbei. Wenn der eigentliche Taufakt zehn Sekunden dauert, das Überreichen der Kinderbibel aber drei Minuten, ist etwas aus dem Gleichgewicht geraten. Über die Zeit wurde das für sich sprechende Symbol zurückgefahren und durch sprachliche (Z-)Erklärung ersetzt. Das ist aber eben das, was ein Symbol ausmacht: Es kann nicht vollständig mit Sprache erklärt werden, es drückt ein Mehr aus, das für sich spricht, das von den Beiwohnenden interpretiert werden, «gelesen» und erfahren werden muss. In reformierten Gottesdiensten gibt es Taufen, bei denen die Gemeinde das Wasser nicht einmal zu sehen bekommt, weil es sparsam verwendet wird, hinter dem Blumengesteck auf dem Abendmahlstisch verborgen bleibt und der Finger nur kurz eingetaucht wird. Damit verlieren die Sakramente ihre symbolische Kraft nahezu komplett, sie werden zu reinen zusätzlichen Wortgewittern und bieten eine weitere Lücke in der Liturgie für eine Zusatzpredigt. Das geht auch anders.

## 4.1 Taufe

| | |
|---|---|
| Funktion: | Rein funktional ist die Taufe die Aufnahme des getauften Menschen in die Gemeinschaft der weltweiten Christenheit und ganz konkret in die Gemeinde vor Ort. Zudem ist jede Taufe im Kreis der Gemeinde auch eine Tauferinnerung für alle Anwesenden, die selbst getauft sind. |
| Bedeutung: | Die Bedeutung der Taufe ist vielschichtig. Im Kern geht es um das Ja des zu taufenden Menschen zu Gott bzw. das Ja der Stellvertretenden. Sie ist das Annehmen der immer ausgestreckten Hand Gottes, das Ja zu Gottes Berufung ins Leben, das jedem Menschen von Mutterleib an gilt. |
| Erwartung: | Taufen sind Familienereignisse. In der reformierten Kirche werden diese meist im Sonntagsgottesdienst mit der Gemeinde gefeiert, wobei es zunehmend auch Tauffeiern in kleinerem Kreis oder in freier Natur gibt. Das Wasser ist das entscheidende Element, es sollte für die Gemeinde sichtbar werden. Schön ist, wenn möglichst auch Geschwister oder Kinder in die Tauffeier mit einbezogen werden. |

IV. Getting Ready: Eine liturgische Handreichung

Manche Prädikantinnen und Prädikanten berichten, dass in ihren Kirchenbezirken ganz klar ist, am Taufsonntag sind die Pfarrpersonen im Dienst und Laienpredigende werden nicht angefragt. In anderen Regionen ist das ganz anders und Taufen fallen wie sie fallen und die Taufe vollzieht, wer dann eben an dem entsprechenden Sonntag Dienst hat. Übernehmen Prädikantinnen und Laienprediger Taufen, sind drei Ebenen wichtig:
1. Die theologische Auseinandersetzung mit der Tauftheologie
2. Die Vorbereitung auf das Taufgespräch und Auseinandersetzung mit Grundfragen des Seelsorgegesprächs
3. Die praktische Vorbereitung bis hin zum «Durchspielen» des Taufgeschehens

Es gibt Taufansprachen, bei denen ist zu spüren, dass die taufende Person keine eigene Tauftheologie hat. Dasselbe gilt für das Abendmahl. Taufansprachen solcher Personen sind häufig Zusammenfassungen von theologischen Lehrbüchern. Das Hauptthema ist dann Römer 6 und es geht um das Sterben und den Tod mit Christus in der Taufe und mehr schlecht als recht wird das dann versucht irgendwie mit dem individuellen Kind in Bezug zu bringen und ein bisschen Biografie hineinzumischen. Die Spannung zwischen Feierlaune der Gemeinde und den Erwartungen der Eltern an ein Lebensfest, auf der einen Seite, und der starken Botschaft des Todes (wenn auch mit Versprechen der Auferstehung), ist für Mitfeiernde oft kaum auszuhalten und für die Predigenden kaum aufzufangen. Es sind also entweder Zusammenfassungen theologischer Lehrbücher, oder rein biografische Vorstellungen des Kinds und seiner Eltern. Auch wenn das eine biblisch natürlich richtig ist und Paulus da wichtige Gedanken entfaltet hat und auch wenn rein biografische Ansprachen sehr publikumssensibel sind und eine schöne Geste, so sind beide für sich nicht recht befriedigend.

Oft bleibt die Frage offen: Aber was bedeutet das denn? Da findet ein Fest statt, zu dem viele Familien seit langem zum ersten Mal

## 4. Sakramente feiern

wieder in die Kirche kommen, die Freude über ein neugeborenes Kind ist gross, die engste Familie, die besten Freunde begleiten sie und dann kommt die Botschaft von Tod und Sterben mit dem Zusatz, dass im reformierten Verständnis ja eigentlich in der Taufe gar nichts passiert und es sie gar nicht braucht, aber man es halt doch noch macht und obendrein hört man dann noch ein paar Details, die man im Taufgespräch geteilt hat. Was bedeutet das konkret für die Familie, für das Kind, für die Predigerin? Da wäre es nun wichtig, dass sich Taufende wirklich eine eigene Tauftheologie aneignen, um für sich in wenigen Sätzen beantworten zu können, warum die Taufe auch heute noch wichtig ist. Und dies ohne – Gott sei Dank – überwundene Ideen wieder aufzuwärmen, wie «ohne Taufe kein Heil», ungeborene Kinder seien gefährdet, Gottes Liebe gelte erst mit der Taufe usw. Zugleich sollte der oder die Taufende auch nicht auf der anderen Seite vom Pferd fallen und eine reine Dankfeier für die Geburt oder eine «Wir-wünschen-Dir-alles-Gute-Feier» veranstalten, bei denen die Fürbitten den Sprüchen auf schönen Lebensweisheitspostkarten entsprechen. Das ist eine schwierige Gratwanderung in heutigen Zeiten, aber eine, die sich lohnen kann zu beschreiten. Diese Bedenken sind nicht als Entmutigung zu verstehen, sondern als ein Plädoyer, die Taufe wieder ernster zu nehmen, sie als wichtigen Akt, als lebensveränderndes Ereignis zu glauben und zu verkündigen.

Es kann eine gute Übung sein, die Taufansprache weitestgehend frei zu halten. Das zwingt dazu, sie kurz zu halten und es kann helfen, die eigenen Gedanken zur Taufe wirklich ordnen zu müssen. Am Ende dieses Abschnitts teile ich meine persönlichen Gedanken zur Taufe, nicht als richtige Folie, sondern als eine Möglichkeit, wie Taufe heute als bedeutend geglaubt werden kann; eine Meinung, von der man sich inspirieren lassen kann, oder an der man sich reiben und somit selbst eine eigene Position entwickeln und schärfen kann. Kurz: ein Gedankenimpuls.

Doch zunächst zur Symbolik der Taufe ganz praktisch. Dazu eine kurze Episode aus einem eigentlich schönen Sonntagsgottesdienst bei dem aber leider jegliche Wasser-Symbolik der Taufe verlorengegangen ist. Nach der Taufansprache wurde die Familie nach vorne eingeladen und Eltern, Geschwister, Taufpat:innen und Kinder standen in einem Halbkreis um den Abendmahlstisch. Die Kinder konnten kleine Kerzen an der Osterkerze anzünden, der Liturg war sehr authentisch, nahbar, wirklich eine sehr positive Erfahrung. Liturgisch gab es die Tauffragen als Verpflichtung der Eltern und Pat:innen, es gab ein Kerzenritual, das Entzünden der eigentlichen Taufkerze, die Ansprache eines Familienmitglieds und dann den eigentlichen Taufakt. Das Taufbecken stand komplett unsichtbar hinter dem grossen Blumengesteck auf dem Abendmahlstisch. Der Liturg leitete das Eingiessen des Wassers mit dem Satz ein: «Jetzt brauchen wir noch ein bisschen Wasser.» Daraufhin goss er aus einer Karaffe einen Schluck Wasser in die Taufschale. Alles jedoch versteckt hinter den Blumen, weshalb es so aussah, als ob der Liturg die Blumen giessen würde. Der Täufling wurde auf den Armen der Mutter gehalten etwa 1 Meter weit weg von der Taufschale und der Liturg tunkte den Daumen kurz in die Schale (oder in die Blumen?), berührte kurz die Stirn, dann zurück zur Taufschale, Stirn, Taufschale, Stirn. Von Wasser sah die Gemeinde in diesem Taufakt, der 35 Sekunden dauerte, nichts. Es folgte ein Bibelvers und dann das Überreichen der üblichen Geschenke, Kinderbibel und Urkunde, was ein Vielfaches der Zeit in Anspruch nahm, die dem Taufakt selbst eingeräumt wurde.

In diesem Taufgeschehen war eigentlich alles gut angelegt und sehr schön gemacht, aber es scheiterte dann an einigen wenigen Elementen. Die protestantische Taufpraxis hat die schöne Geste der vielen kleinen Elemente entwickelt, die alle wirklich nett sind, aber zusammen das eigentliche Taufgeschehen völlig überlagern: Taufkerzen anzünden (sehr schöne Symbolik!), selbstgebastelte Taufschilder oder Tauftauben oder ähnliches an einen Baum in der Kirche hängen, Kinderbibel übergeben, eventuell weitere Geschenke. Das Taufgeschehen hingegen mit seiner Vorbereitung des Eingiessens des Wassers geht in dieser Flut an Ereignissen unter und bleibt unspektakulär. Bei der Kinderbibel sieht man wenigstens etwas, ebenso bei der Kerze, aber wenn Wasser so sparsam eingesetzt wird, könnte es auch weggelassen werden.

*Mit viel Wasser – Kraft der Symbolik*
Die Sakramente leben und stiften Leben durch die Kraft ihrer Symbole, die über die Zeiten die Menschen in ihren Bann ziehen und die dahinterstehende Botschaft auf ganz besondere Weise und jeden Menschen individuell anders ansprechen. In ihnen liegt Kraft, die zum Ausdruck kommen darf, sogar muss. Beim Eingiessen des Wassers in die Taufschale oder des Weins in den Kelch ist Zurückhaltung fehl am Platz. Die Gemeinde darf das Wasser sprudeln sehen, aus grosser Höhe eingegossen, ebenso den Wein beim Abendmahl. Es hat sich zudem als reformierte Praxis etabliert, mit einem kurz ins Wasser getunkten Finger die Stirn des Täuflings zu berühren oder ein Kreuz zu zeichnen. Viel eindrucksvoller ist es (und für das Kind wirklich kein traumatisches Erlebnis), wenn der Kopf des Kindes (oder auch des älteren Täuflings) über die Schale oder das Becken gehalten wird und mit der vollen Hand, für alle gut sichtbar, dreimal Wasser über Stirn und Hinterkopf des Kindes fliesst.

Die anglikanische Gemeinde *St. Paul's Episcopal Church*[150] in Seattle hat sich ein neues Taufbecken geleistet: einen grossen Fels, in den das Taufbecken von einem Künstler hineingeschlagen wurde, sodass sogar ein Erwachsener hineinsteigen könnte, wie in einen Bottich. Die Gemeinde begann mit Einweihung des neuen Taufbeckens, die Täuflinge ganz unterzutauchen. Wenn das passiert, schwappt das Wasser im hohen Bogen über das Becken und läuft

---

150 Vgl. Homepage von St. Paul's Episcopal Church Seattle, www.stpaul-seattle.org [21.11.2022].

auf dem Kirchenboden und dann über eine Rinne vor die Tür auf die Strasse, sodass jede vorbeilaufende Person dort sehen kann, dass drinnen gerade mit Wasser hantiert wird. Seit die Gemeinde diese Art des Taufens eingeführt hat, haben sie Wartelisten von Eltern, die ihre Kinder taufen lassen wollen und von Erwachsenen, die sich taufen lassen möchten. Begleitet von einem neuen Programm für Taufinteressierte, verzeichnet die Gemeinde seitdem einen Zulauf in den Mitgliederzahlen.

Das ist ein Beispiel unter vielen, die es in der Weltkirche (auch eben in der westlichen Kirche) gibt. Ohne überbewerten zu wollen oder zu einfache Pauschalschlüsse zu ziehen, war für die Gemeindeleitung dort auch durch Rückmeldung der Neuzugänge ganz klar, dass Menschen wirklich ein Bedürfnis nach einschneidenden Ritualen in ihrem Leben haben, wirkliche *rites de passage,* Übergangsriten, und eben nicht zerredete und übererklärte Gesten der Zurückhaltung.

Im reformierten Kontext wäre es etwas stark, gleich zur Ganzkörpertaufe zu schreiten, aber etwas nasser dürfte es schon zugehen.

Auch thematisch kann das Wasser mehr in den Vordergrund rücken, indem die Kinder eingeladen werden, das Wasser zu berühren, vielleicht auch der oder die Taufkandidat:in schon einmal die Finger ins Wasser streckt (je nach Alter natürlich). Ein Kind kann dabei helfen, das Wasser in die Taufschale zu giessen und wenn etwas daneben geht: grossartig! Man darf das Wasser sehen. Taufen bieten sich dafür an, Menschen einzubinden, sie mit allen Sinnen teilhaben zu lassen. Die Idee mit den Kerzen für die Kinder, wie oben geschildert, ist eine schöne Idee. Die Taufe ist natürlich eine ernste Angelegenheit, aber eine freudvolle. Das geht oft vergessen, es ist ein Fest.

Die Menschen, die heute an Tauffeiern beteiligt sind, sind oft nicht mehr sehr trittfest in kirchlichen Ritualen. Als Liturg:in kann man viel dazu beitragen, ihnen Sicherheit zu geben und das Gefühl zu vermitteln, sie seien wirklich willkommen so wie sie sind. Gleichzeitig geht es um etwas und Menschen sind sensibel dafür, ob ein Liturg, eine Liturgin das Ganze nicht ernst nimmt und sich flapsig verhält, oder ob er:sie bei allem Humor und aller Freude und auch Gelassenheit im Fall, dass etwas nicht läuft wie geplant, trotzdem die Heiligkeit und Spannung aufrechtzuerhalten vermag.

Dieser Abschnitt soll Mut machen, Mut zum Symbol, zum überschwänglichen Einsatz der Elemente in der liturgischen Feier von Sakramenten. Er soll aber auch Mut machen, etwas zu wagen, dadurch, dass weitere Akteur:innen eingebunden werden, auch wenn damit die Gefahr steigt, etwas könnte nicht nach Plan verlaufen. Nicht zuletzt soll dieser Abschnitt Freude machen an der Feier der Taufe als wichtigem Ereignis in der Beziehung eines Menschen zu Gott und für die Gemeinde als teilhabender Zeugenschar.

*Ein Gedankenimpuls zur Taufe*
Im Folgenden einige Gedanken zu einer Möglichkeit, Taufe auch heute als wichtiges, unverzichtbares Ereignis im christlichen Glauben zu denken und zu verkünden. Vielleicht kann diese Schilderung als Inspiration dienen, als Steinbruch, oder auch ganz im Gegenteil als ein Schreckbild, zu dem man in Abgrenzung eine eigene Tauftheologie entwickelt.[151]

In der heutigen reformierten Theologie hat die Taufe ihr Dringlichkeitsmoment verloren. Die wunderbare Feststellung, dass der Bund von Seiten Gottes mit einem Menschen schon *von Mutterleibe* an besteht und eine Seele nicht verloren geht, auch wenn sie die Taufe nie erfährt, hat heute zu einer gewissen Ratlosigkeit geführt, wozu es Taufe dann überhaupt noch braucht. Ihre Funktion als Eintrittsritual in die Institution und in die weltweite Christenheit ist ein oft erwähnter Grund. Ein anderer antwortet auf das Bedürfnis vieler

---

151 Folgende Gedanken finden sich auch in: Stephany, André: My Dishwasher Theology. Thinking about the Big Questions of Christian Faith, Eugene OR 2021, 53–55.

## IV. Getting Ready: Eine liturgische Handreichung

Eltern: ein Dankesfest für das Kind und eine Art Willkommensfest. Der erste Grund spricht emotional nur sehr mässig an, der letztere ist schön, er allein macht die Taufe aber noch nicht notwendig.

Ganz persönlich stelle ich mir den Bund Gottes mit einem Menschen vor der Taufe so vor wie die Beziehung zwischen einer liebenden Mutter und ihrem neugeborenen Kind. Das Kind kann diese Liebe nicht in Worten erwidern, es weint und schreit, lacht, strampelt und schläft. Die Liebe der Mutter ist bedingungslos. Diese Liebe bleibt bei vielen Müttern auch unzerbrechlich, wenn das Kind sie nie erwidert, auch wenn das Kind sich anders entwickelt als erhofft, schmerzvolle Wege einschlägt, sich sogar abwendet. Das Band bleibt. Die Taufe wäre in diesem Bild der Moment, in dem das Kind sich an irgendeinem Zeitpunkt im Leben zur Mutter hinwendet und sagt: «Ich liebe dich auch.» Diese Liebesäusserung mögen manche als banal betrachten, aber ich glaube, sie macht den schon bestehenden Bund zu einem vollkommenen Bund. Eine solche Liebeserwiderung ist wirklichkeitsverändernd und hebt diesen bisher einseitigen Bund auf eine neue Ebene, schmiedet ein doppeltes Band. In der Taufe kehrt sich der Mensch, entweder der Täufling oder die Eltern zu Gott und Gottes Liebe wird erwidert. Das macht die individuelle Gott-Mensch-Beziehung zu einem perfekten Bund, auch wenn diese Beziehung im weiteren Leben grossen Stresstests ausgesetzt werden wird, oder wenn der getaufte Mensch gar ganz andere Wege wählen sollte, dieses doppelte Band bleibt bestehen und zerbricht nicht. Somit ist nach der Taufe alles anders als vor der Taufe. Nicht, weil Gott nicht schon vorher geliebt hätte, sondern weil diese Liebe in der Taufe angenommen und erwidert wird.

Es gibt Kirchen, in denen noch heute der Taufstein gleich beim Eingangsportal steht. Das erinnert nicht nur beim Eintreten an das Versprechen der Taufe, es symbolisiert auch den Lebensweg eines Christenmenschen. Das Hauptportal ist die Geburt, das Tor ins Leben. Danach steht das Angebot der Taufe, das Taufbecken als Symbol für die ausgestreckte Hand Gottes, die Liebe, die schon da ist. In katholischen Kirchen gibt es das Weihwasserbecken an den Eingängen, sodass die Eintretenden sich mit dem Weihwasser bekreuzigen und an ihre Taufe und Beziehung zu Gott erinnern können. Vom Eingang geht es Schritt für Schritt durchs Leben entlang dem Mittelgang, Seite an Seite mit Gott. Doch im Leben kann es auch einmal nach rechts oder links, in die dunklen Seitenschiffe der Kirche gehen. Das Versprechen ist, Gottes Hand bleibt ausgestreckt und alles geschieht in Gottes Licht, das vom Osten her in die Kirche und auf den Weg fällt. In der alten Vorstellung wurde die Kirche heiliger, je weiter nach Osten man in ihr ging und der Chorraum war nur den Angehörigen der geweihten Geistlichkeit zugänglich. Doch die Idee ist, dass das Leben immer weiterführt, mit jedem Schritt näher zum Licht der aufgehenden Sonne, dem Licht Christi. Auch wenn für viele Menschen die Taufe nicht mehr gleich am Anfang des Lebens steht – wie ja auch im Urchristentum nicht – so bleibt die Symbolik einer solchen Architektur von Kirchen und der Positionierung des Taufsteins sehr stark und bewegend.

Soweit die Gedanken zur Taufe. Im nächsten Abschnitt geht es um das Sakrament des Abendmahls.

## 4.2 Abendmahl

| Funktion: | Das Abendmahl ist in besonderem Masse eine Gemeinschaftsfeier. In der Feier des Abendmahls vertieft sich die Gemeinschaft der Feiernden untereinander und ihre Gemeinschaft mit dem auferstandenen Christus. In der reformierten Tradition gehört seit jeher auch das öffentliche Bekenntnis zum Glauben an Christus zur Teilnahme an der Feier. |
|---|---|
| Bedeutung: | Den Elementen von Brot und Wein/Traubensaft kommt in reformierter Tradition nur symbolischer Charakter zu. Sie sind berührbare, schmeckbare Zeichen, welche die Gemeinde in Erinnerung an das letzte Abendmahl Jesu |

## IV. Getting Ready: Eine liturgische Handreichung

|  | im Kreis seiner Jüngerinnen und Jünger teilt und die auf seine Worte zu Leib und Blut verweisen. In reformierter Tradition ist der Auferstandene nicht in den Elementen, wohl aber im Kreis der feiernden Gemeinde präsent, die in Erinnerung an ihn und in seinem Namen Brot und Wein/Traubensaft teilt und seine Gegenwart feiert. |
|---|---|
| Erwartung: | Gemeinden haben ihre Traditionen zum praktischen Vollzug des Abendmahls. Es gibt das wandelnd gefeierte, das im Halbkreis, in den Bankreihen, mit Gemeinschaftskelch und Einzelkelchen (seit der Corona-Pandemie zunehmend) und verschiedene andere Varianten. Wichtig ist eine gewisse fröhliche Feierlichkeit, da es kein trauriges Ereignis sondern ein Freudenfest ist. Die Abläufe müssen der Gemeinde durch wenige Worte oder durch ein immer wieder verwendetes Abendmahlsheft klar sein. Unsicherheit durch unklare Abläufe oder immer wechselnde Liturgien verhindern, dass sich Menschen ganz auf das spirituelle Geschehen einlassen können. |

In der liturgischen Praxis hat das Abendmahl in vielen reformierten Kirchen mit einem Paradox zu kämpfen: Es ist ein Ritual, das davon lebt, häufig gefeiert zu werden und welches seine volle Wirkung entfaltet, wenn die Mitfeiernden mit den liturgischen Stücken vertraut sind. Gleichzeitig wird es in vielen Gemeinden sehr selten gefeiert, was jegliche (aus dieser Perspektive positive) Routine verhindert. Die seltene Feier erlaubt es zudem so mancher Liturgin, so manchem Liturgen, sich nicht einmal grundlegend mit der eigenen Abendmahlstheologie auseinanderzusetzen. Es ist spürbar im Vollzug der Feier, ob jemand für sich die Frage beantwortet hat: Was machen wir da eigentlich? Das Resultat ist häufig, dass die Feier des Abendmahls für den Liturgen, die Liturgin und für die Gemeinde zwei Dinge bedeutet: zum einen, der Gottesdienst wird länger, zum anderen, Stress, weil man nicht recht weiss, was man jetzt als nächstes machen soll.

*Eine positive Routine*

Gemeinden, die regelmässig zusammen Abendmahl feiern, müssen keine Gedanken mehr auf den Ablauf und auf das «was kommt als nächstes» verwenden, sie können die wenigen eventuell gesungenen liturgischen Stücke wie das *Sanctus* (Heilig, Heilig, Heilig) oder *Agnus Dei* (Lamm Gottes) vielleicht auswendig und es müssen während dem Abendmahlsteil keine Lieder angesagt werden. Das gibt Raum und Kapazität, sich ganz auf das spirituelle und gemeinschaftliche Geschehen einzulassen, auf die Begegnung mit dem Auferstandenen inmitten der Gemeinschaft der Feiernden. Dass das möglich wird, dazu soll die Abendmahlsliturgie einen rituellen Rahmen, einen Raum schaffen.

*Begegnung mit dem Auferstandenen*

In allen Konfessionen wird auf verschiedenste Arten an eine Begegnung mit dem Auferstandenen in der Feier geglaubt. Sei es in den Elementen von Brot und Wein, geistlich beim Empfang der Elemente oder als Präsenz im Kreis der feiernden Gemeinde. Was könnte es für ein freudigeres Fest geben in einer Religion, als ein Fest der Nähe zum geglaubten Mittelpunkt des Glaubens; für die Christ:innen ein Fest mit dem auferstandenen Christus? Die Praxis sieht oft anders aus. An vielen Orten ist wenig zu spüren von Freude, Fröhlichkeit und Leichtigkeit. Es liegt eine angespannte Schwere über vielen Abendmahlsfeiern, die eine lange Tradition hat.

Als Prädikantin und Laienprediger kann man in der Regel wenig an den Gewohnheiten einer Gemeinde und der Häufigkeit von Abendmahlsfeiern ausrichten.[152] Nichtsdestotrotz beeinflusst die Person, welche die Feier anleitet, deren Stimmung und Atmosphäre in bedeutendem Masse, v. a. kann diese Person den Mitfeiernden Sicherheit vermitteln. Ein Teil davon wäre bestimmt, eine Abend-

---

152 Wobei es auch dafür Beispiele gibt, bei denen Laienpredigende an Wochentagen in ihrer Gemeinde Abendmahlsfeiern anbieten.

mahlstheologie für sich zu erschliessen. Ein weiterer Teil ist die liturgische Gestaltung und Anleitung der Mitfeiernden, ohne in Übermoderation zu verfallen.

*Praktische Tipps*

Liturgie beginnt immer schon in der Vorbereitung des Raums. Es ist nicht nur eine Frage der Ästhetik, wie der Abendmahlstisch «gedeckt» wird, sondern schliesslich auch eine Frage der praktischen Handhabung. Ein durchdacht gedeckter Tisch kann schon eine optische Ruhe ausstrahlen und unnötige oder gar störende Bewegungen des Liturgen, der Liturgin vermeiden.

Wie sieht der gedeckte Abendmahlstisch aus? Was man häufig antrifft, je nach Grösse der Gemeinde, sind mehrere Teller mit grossen Haufen geschnittenem Brot, die irgendwo auf dem Abendmahlstisch stehen, wo eben Platz ist neben Bibel, Gesangbuch, Rednerpult, Mikrofon, Blumen und was sonst vielleicht noch dasteht. Meist ähnelt es eher einem festlichen Käsefondue als dem rituellen Abendmahl. Ästhetik und auch Symbolik des einen Leibes, des einen Brotes, sind völlig verloren. Eine Möglichkeit wäre, an diesem Sonntag den Abendmahlstisch so frei wie möglich zu halten, z. B. keine Blumen, und auch sonst möglichst wenig, damit es Platz gibt für die Elemente. Ein besonders starkes Bild, das in anderen Konfessionen selbstverständlich ist, in den reformierten Kirchen aber oft hinter Blumen oder Brothügeln verloren geht, ist die Symbolik des einen Kelches und des einen Brotes.

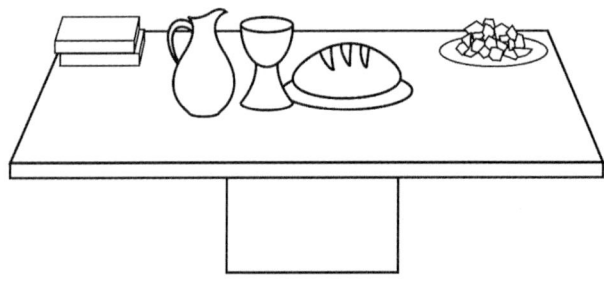

Wenn ein grosser Kelch, vielleicht ein Krug, und ein Teller mit Brot (Patene), eventuell sogar mit einem kleinen ganzen runden Brotleib, im Zentrum des Abendmahlstisches stehen, dann hat das eine klare Symbolik. Die Teller mit dem weiteren Brot und die weiteren Kelche können schön gruppiert etwas seitlich auf dem Abendmahlstisch stehen, oder falls es zu viele sind gar auf einem Beistelltisch. Reformiert ist es theologisch gar kein Problem, wenn nicht alle Elemente auf dem Abendmahlstisch stehen; allerdings sollten sie auch nicht irgendwo aus einer dunklen Ecke oder einem Tetrapack hervorgezaubert werden. Vielleicht verzichtet man aufs Rednerpult und benutzt einen Buchständer oder legt die Unterlagen flach auf den Tisch, leicht nach rechts seitlich, damit im Zentrum wirklich Kelch und Brot stehen und der Liturg, die Liturgin auch beide gut greifen kann, ohne umständlich um Mikrofonständer herum und über das Rednerpult hinweg danach angeln zu müssen.

*Die Feier selbst*
An welcher Stelle der Liturgie das Abendmahl gefeiert wird, unterliegt häufig einer Gemeindetradition. Es gibt verschiedene Möglichkeiten. Das Reformierte Gesangbuch hilft dabei, ebenso die sogenannte Taschenliturgie.[153] Eine klassische Variante, aber nicht die einzig richtige, wäre es, dass sich das Abendmahl an die Fürbitten anschliesst, wo sonst oft das Unservater käme. Es kann mit einem Lied beginnen oder mit einer Hinführung, gefolgt von einem Lied oder auch ohne Lied. Da gibt es viele Varianten. Die Hinführung oder das Lied wären der Moment, in dem die letzten Vorbereitungen getroffen werden. Das wäre der Moment, in dem der Kelch aus einer Karaffe mit Wein bzw. Traubensaft gefüllt wird. Das ist keine Tätigkeit, die heimlich geschehen muss sondern Teil der Symbolik.

---

153 Liturgie Taschenausgabe (siehe Anm. 117).

Der Wein kann in hohem Bogen, für alle gut sichtbar, aus der Karaffe eingeschenkt werden. Kelch und Brot an die richtige Stelle gerückt werden, falls sie noch nicht bereitstehen.

In den deutschsprachigen reformierten Kirchen trifft man eine kurze Abendmahlsform sowie eine am Messformular orientierte längere Variante an. Für beide gibt es Vorlagen. Man ist natürlich frei, alle Gebete selbst zu schreiben, aber es kann sich empfehlen, vorgeschlagene liturgische Texte zu verwenden und in der Sprache eventuell anzupassen. Beide Formen leben ein Stück weit von einem ununterbrochenen Fluss der Feier. Es bietet sich an, dass Moderation und Ansagen in der Hinführung geschehen. Wird während der Feier ein Lied gesungen oder das *Sanctus* und *Agnus Dei,* so können diese mit Verweis auf die Liedtafel bereits bei der Hinführung angekündigt und später ohne weitere Ansage gesungen werden. Auch die Art und Weise, wie die Mitfeiernden das Abendmahl empfangen, also in mehreren Halbkreisen, ganzen Kreisen oder wandelnd eine nach dem anderen, kann in diesem Teil bereits erklärt werden. Das erlaubt den oft starken liturgischen Texten und Gebeten zu wirken, und ermöglicht die ungestörte persönliche Andacht.

### *Wie ganz praktisch?*

Mehrere Wechsel in der Art der Kommunikation während des Abendmahlsteils machen die Gestaltung anspruchsvoll für Liturg:innen. Es gibt einen Wechsel aus direkter Ansprache an die Gemeinde, aus Gebeten und erzählenden Teilen. Es kann leicht passieren, dass diese verschiedenen Formen der Kommunikation miteinander verschmelzen und ihre unterschiedlichen Adressat:innen, nämlich Gott in den Gebeten, die Gemeinde bei der direkten Ansprache und den Erzählungen (sowie der Predigt),[154] nicht mehr erkennbar sind. Andere Konfessionen tun sich leichter mit liturgischen Gesten, wie

---

154  Vgl. Deeg, How to celebrate, 79.

4. Sakramente feiern

der Gebetshaltung mit nach oben offenen Handflächen rechts und links vom Körper (Orantenhaltung).

Im reformierten Kontext ist häufig kein Wechsel der Körperhaltung und Gestik zu erkennen zwischen Gebet und Ansprache. Wer sich ausprobieren möchte und damit wohl fühlt kann aber auch im reformierten Gottesdienst eine zurückhaltende Orantenhaltung für die Gebetsteile verwenden (zurückhaltend meint in dem Kontext, die Arme nicht hochgestreckt auf Brust- oder Schulterniveau, sondern auf oberem Hüftniveau; je höher, je auffälliger und in gewissem Sinn auch dramatischer). Doch auch mit sehr zurückhaltenden Änderungen in der Gestik und besonders durch den bewussten Einsatz von Blickkontakt lässt sich ein Wechsel in der Kommunikation andeuten. Als Gebetshaltung kann man, als eine von vielen Möglichkeiten, die Hände vor dem Körper oberhalb des Gürtels locker und nach oben geöffnet ineinanderlegen. Spricht man die Gemeinde direkt an, kann man die Hände öffnen oder ans Rednerpult legen oder auf andere Weise verändern. Am stärksten wirkt der bewusste Einsatz von Blickkontakt. Indem der Liturg bei der direkten Ansprache der Gemeinde auch mit dem Blick ganz bei der Gemeinde ist und dagegen im Gebet mit dem Blick ganz im Text, ohne aufzusehen, wird der Wechsel des Adressaten, der Adressatin deutlich. Das Vermeiden von Blickkontakt während des Gebets erlaubt es den Mitfeiernden auch, ihre Aufmerksamkeit selbst auf ein inneres Mitbeten zu richten.

*Gesten*
Derer sind im reformierten Kontext nicht viele in Gebrauch und manche sind in Gebrauch, die zumindest theologisch durchdacht sein wollen. Meist werden während dem Abendmahlsbericht, den Einsetzungsworten wie sie auch genannt werden, verschiedene Gesten verwendet. Das ist keineswegs zwingend. Sehr häufig zu sehen ist, dass der Liturg bei den entsprechenden Worten zunächst das Brot in die Hand nimmt («er nahm das Brot») und einfach in beiden Händen hält, aber nicht hochhält, sondern nach den Worten wieder abstellt und entsprechend dasselbe mit dem Kelch. Das ist auch reformiert eine theologisch unverfängliche Geste, die ganz natürlich wirken kann. Weniger häufig sieht man, dass die Liturgin bei den Worten weitere Gesten verwendet bzw. das Erzählte abbildet: das heisst bei den Worten «nahm er das Brot, dankte, brach es» das Brot nimmt und es bei den entsprechenden Worten bricht. Das kann man machen, man sollte sich aber zumindest bewusst sein, dass dahinter eine lange Theologiegeschichte und viele Streits liegen, und reflektieren, was es auch heute für eine theologische Aussage haben könnte.

In der Römisch-katholischen Kirche wird an dieser Stelle das Brot nicht gebrochen. Obwohl dort der Priester in genau diesem Geschehen *in-persona Christi* handelt, wird die Hostie, das Opfer, unversehrt gelassen, da nur ein makelloses Opfer erbracht werden darf.[155]

---

155 An mehreren Stellen im Pentateuch (den fünf Büchern Mose) wird die Makellosigkeit der Opfer verlangt: «Wer ein Rind als Brandopfer dar-

Erst zu einem späteren Zeitpunkt vor der Austeilung darf es gebrochen werden. Genau als Gegenreaktion auf dieses Opferverständnis wurde im *Book of Common Prayer* der *Church of England* als reformatorisches Zeichen das Brechen des Brotes an genau dieser Stelle vorgeschrieben.[156] Anglokatholiken, die sich der römischen Theologie der Eucharistie weiter verpflichtet sahen und sehen, entwickelten die Methode, die Hostie an dieser Stelle nur leicht anzubrechen, aber doch erst zur Austeilung in mehrere Teile zu brechen. Dazu gibt es auch speziell gebackene Hostien, die dieses Anbrechen leichter machen. Um all dies müssen Liturg:innen in der reformierten Welt der Schweiz nicht besorgt sein. Zu überlegen ist aber, ob das Brechen und Nachempfinden der Worte doch die Übernahme der Rolle Christi, doch das Schlüpfen in die Rolle Christi andeutet, was dem reformierten Verständnis ganz fremd wäre. Das kann man sich auch fragen, wenn der Liturg bei den Worten «nehmt und esst» in die Gemeinde schaut und die Worte Jesu zu seinen Worten werden. Dazu gibt es verschiedenste Meinungen und es gilt wohl, herauszufinden, was für einen selbst und die Gemeinde stimmig ist. Wovon aber sicher abzusehen ist, ist eine Elevation (Hochheben des Brotes oder des Kelches) über das vorhin beschriebene Mass hinaus, ein Zeigen der Elemente durch Hochheben auf Augenhöhe. Das ist heute

---

bringt, soll ein makelloses männliches Tier opfern» (Lev 1,3), «Und er soll dem HERRN seine Opfergabe darbringen: ein makelloses einjähriges männliches Lamm als Brandopfer, ein makelloses einjähriges weibliches Lamm als Sündopfer und einen makellosen Widder als Heilsopfer» (Num 6,14); Jesus wurde in dieser Tradition als das makellose Opfer beschrieben: «Ihr wisst doch, dass ihr nicht mit Vergänglichem, mit Gold oder Silber, freigekauft wurdet aus einem Leben ohne Inhalt, wie es euch von den Vätern vorgelebt wurde, sondern mit dem teuren Blut eines makellosen, unbefleckten Lammes, mit dem Blut Christi» (1Petr 1,18–19).

156 BCP, The Lord's Supper, 256.

noch Teil der römischen Messe, kommt aber aus der alten Messe, als der Priester mit dem Gesicht nach Osten, also abgewendet von der Gemeinde, zelebrierte. Nach den Einsetzungsworten, der Wandlung des jeweiligen Elements in den Leib bzw. das Blut Christi, hielt der Priester diese in die Höhe, sodass sein Körper sie nicht mehr verdeckte und die Gemeinde sie sehen und anbeten konnte.

Möchte man die Elemente von Brot und Wein/Saft nochmals in die Hand nehmen, dann bietet sich dafür das Einladungswort an. Viele sprechen einladende Worte, bevor das Abendmahl verteilt wird, wie zum Beispiel: «Kommt, denn es ist alles bereit. Schmecket und sehet wie freundlich der Herr ist» (Lk 14,17 und Ps 34,9). Wenn Liturg:innen bei diesen Worten Brot und Wein je in eine Hand nehmen und einladend der Gemeinde entgegenstrecken, während sie die Einladung sprechen, dann ist das eine schöne und starke Geste.

Wie die Mitfeiernden das Abendmahl empfangen, dazu gibt es unzählige Varianten, vom Halbkreis, über das wandelnde Abendmahl, bei dem jede Person der Reihe nach empfängt und dann zurück zum Platz geht, bis zum gegenseitigen Weiterreichen vorne oder in den Bänken. Auch ob die Liturg:innen und die Mithelfenden beim Verteilen zuerst oder zuletzt empfangen ist eine Frage, die oft in einer Gemeinde eine feste Tradition hat und bei der es kein Richtig und kein Falsch gibt (auch wenn Diskussionen darum dies oft glauben machen). Was die Austeilenden dabei den Empfangenden als Zuspruch sagen, um diese Frage wurde auch schon viel gerungen. In der *Church of England* gingen die Austeilungsworte zwischen den einzelnen Fassungen des *Book of Common Prayer* hin und her, bis unter Elisabeth I. schliesslich eine Kompromissformel eingeführt wurde, die alle theologischen Interessen der Streitparteien befriedigen sollte, jedoch so lang geworden ist, dass sie heute nicht mehr zumutbar erscheint:

> The Body of our Lord Jesus Christ, which was given for thee, preserve thy body and soul unto everlasting life: Take and eat this in remembrance that Christ died for thee, and feed on him in thy heart by faith with thanksgiving.[157]

Wer an eine Wandlung der Elemente glaubte, Anglokatholiken und von der lutherischen Reformation geprägte Gläubige, empfingen den *Leib Christi*. Die von Zwingli und Calvin geprägten Gläubigen hörten hingegen die Aufforderung, diese als Zeichen der Erinnerung an Christi Werk zu empfangen. Somit hatten beide ihre Position integriert und konnten nach ihrem Glauben gemeinsam empfangen. In den Schweizer reformierten Kirchen werden die Worte *Leib Christi* und *Blut Christi* kaum benutzt. Üblicher sind Worte wie: *Brot des Lebens, Kelch des Heils / der Freude / der Hoffnung* und andere Variationen.

Beim praktischen Vollzug des Austeilens, unabhängig von der Art und Weise, ist wichtig, dass die austeilende Person in diesem

---

157 Ebd.

## IV. Getting Ready: Eine liturgische Handreichung

Moment voll und ganz bei ihrem Gegenüber ist. Die Augen sollten nicht schon zur nächsten Person wandern während Brot oder Kelch gereicht werden und der Zuspruch gesprochen wird. Eine Studentin verglich das Abendmahl in der reformierten Kirche kürzlich mit dem Zahlen an der Supermarktkasse. Beim Zuspruch und beim Reichen von Brot und Wein muss die ganze Aufmerksamkeit der Person gegenüber geschenkt werden. Erst wenn der Kelch wieder zurückgegeben wird, oder das Brot überreicht ist, schreitet die austeilende Person weiter im Kreis und richtet ihre Aufmerksamkeit auf die nächste Person in der Reihe. In diesem Moment zählen wirklich kleine Gesten und Menschen sind empfindlich für Körpersprache. Tritt beim wandelnden Abendmahl die nächste Person heran und die austeilende Person macht – egal aus welchem Grund – in diesem Moment einen Schritt zurück, kann das als Ablehnung missverstanden werden. Eine Liturgin hatte einer Person das Brot schon entgegengestreckt, zog den Arm aber wieder zurück und sagte: Kommen Sie, wir rücken noch ein Stück auf, damit die anderen mehr Platz haben. Dieses Zurückziehen, das Verwehren des bereits Angebotenen ist ein schreckliches Symbol und kann bei Menschen tiefe Verletzungen wieder aufbrechen lassen *(triggern)* oder (Selbst-)Zweifel bestätigen. In der Zeit des Austeilens gilt es wirklich sehr körperbewusst zu sein und auf die eigenen Gesten, die Mimik, die Stimme und die Wirkung zu achten. Das ist auch wichtig für die Heiligkeit dieses Moments. Es ist nicht der Moment für Schwätzchen, kleine Witze oder Sprüche. Wer öfters in einer Gemeinde Abendmahl feiert, kann diesen Moment des Empfangens auch einmal thematisieren. Viele Menschen wissen durch die Seltenheit des Feierns im reformierten Kontext und durch eine veränderte Prägung oft nicht, wie sie sich in diesem Moment verhalten sollen. Oft ist grosse Unsicherheit zu spüren. Statt des üblichen *Amens* als Antwort auf das Austeilungswort hört man häufig «Vielen Dank, sehr nett, danke» und andere Dankesformeln, die wiederum das Gefühl des Supermarkts oder Marktstands fördern.

Eine Gemeinde hat oft auch Interesse an liturgischer Schulung, die mehr Sicherheit vermittelt. Dasselbe gilt für die Helfenden beim Austeilen des Abendmahls, die oft als Kelchhalter bezeichnet werden, was theologisch eine fragwürdige Amtsbezeichnung für die den Liturg:innen gleichwertigen Abendmahlsausteilenden ist. Auch diese Gruppe ist oft unsicher über die genauen Abläufe und Gebräuche und dankbar für eine kleine Schulung und vielleicht für ein gemeinsames Einüben.

*Kinder beim Abendmahl*
Kinder können beim Abendmahl als Empfangende und – auch wenn man es kaum in Gemeinden sieht – als Austeilende mitfeiern. Nachdem die langen Debatten darüber, ob Kinder das Abendmahl empfangen dürfen, überwunden sind und Kinder ganz klar gleichberechtigte Mitfeiernde sind und auch wie alle anderen das Abendmahl empfangen, möchte ich Mut machen, Kindern und Jugendlichen auch aktive liturgische Rollen zu übertragen. Dazu gibt es verschiedenste Möglichkeiten. Eine kleine Anekdote als Beispiel:

An einem Samstag waren die Kinder von 6–12 Jahren zu einem Abendmahlstag eingeladen. Den ganzen Tag haben wir uns mit Fragen um das Abendmahl beschäftigt, Geschichte, Bedeutung, warum das so viele Menschen heute noch feiern. Wir haben auch Brot gebacken für den Sonntagsgottesdienst am nächsten Tag. Am Nachmittag gab es eine Übung, wie man denn Abendmahl in der Kirche feiert. Am nächsten Tag im Gemeindegottesdienst waren diese Kinder dann die Abendmahlsausteilenden. Eine grössere Ernsthaftigkeit und Heiligkeit bei gleichzeitiger Freude habe ich in einem reformierten Gottesdienst während der Abendmahlsfeier selten erlebt. Als ein Kind einer Person das Brot reichte mit den Austeilungsworten, einem Mitglied einer anwesenden Tauffamilie, die offensichtlich noch nie an einem Abendmahl teilgenommen hatte, fragte diese Person ganz verlegen: Was soll ich denn jetzt machen?

IV. Getting Ready: Eine liturgische Handreichung

Das Kind legte ihr das Brot in die Hand und sagte: Du sagst Amen, isst das Brot und freust dich.

Dieser Satz diene als Zusammenfassung dieser Arbeit. Deshalb: Viel Freude beim Feiern des Abendmahls.

# V. Wie werde ich Prädikantin oder Laienprediger?

Wenn Sie hier weiterlesen heisst das, dass die bisherigen Informationen und Gedanken Ihr Interesse am Amt geweckt, oder zumindest nicht abgeschreckt haben. Der Weg, um in den Dienst als Prädikantin oder Laienprediger aufgenommen zu werden, ist so vielfältig wie die in vorherigen Kapiteln geschilderten Rahmenbedingungen. Gemeinsam ist allen Landeskirchen, dass sie ein Engagement in der lokalen Kirchgemeinde voraussetzen. Sollten Sie in Ihrer Kirchgemeinde noch nicht aktiv sein, wäre das ein erster Schritt, um auch Ihre Berufung zu diesem Dienst zu testen. Manche Gemeinden kennen das Amt der Lektorinnen und Lektoren, die in Gottesdiensten die Lesungen übernehmen. Das ist ein Amt, das sich sehr gut eignet, um die Freude am aktiven Mitwirken im Gottesdienst zu erproben. Sollten Sie bereits aktiv sein in Ihrer Gemeinde, wenden Sie sich zunächst an eine Pfarrperson, die Sie gut kennt. Pfarrpersonen haben nochmals einen anderen Blick auf Ihr Wirken und Auftreten in der Gemeinde und können Ihnen bei Ihren Fragen und Überlegungen weiterhelfen. Wenn Sie in der Überzeugung gestärkt, dass diese Aufgabe Ihnen und Ihren Gaben entsprechen könnte, aus diesen Gesprächen hinauskommen, dann wäre die Ansprechperson auf kantonaler Ebene der nächste wichtige Kontakt.

Am Ende dieses Buchs findet sich eine Sammlung nützlicher Links, wozu auch Verweise auf die Websites einzelner Landeskirchen gehören. Bei einigen finden sich dort Angaben zu einer Kontaktperson. Ebenso finden sich dort manchmal Informationen zum Aufnahmeverfahren und gegebenenfalls zur Ausbildung. Die Ausbildungsanforderungen bestimmen die Dauer des Prozesses erheb-

## V. Wie werde ich Prädikantin oder Laienprediger?

lich. Sehen Sie hohe Ausbildungsvoraussetzungen jedoch nicht als Hürde, sondern als Chance. Wer gut auf diesen Dienst vorbereitet ist, wird mehr Freude an der Ausübung haben. Sieht Ihre Landeskirche keine oder wenig Ausbildung vor, fragen Sie, wie Sie sich freiwillig holen können, was Sie brauchen. Der Theologiekurs, der an vielen Orten angeboten wird, ist sicher eine Möglichkeit.

Zu beachten ist noch, dass Landeskirchen mit fester Ausbildungsstruktur teils einen Aufnahmerhythmus haben. Das heisst, Aufnahmegespräche finden dort in einem festen Rhythmus statt und der Einstieg in die Ausbildung ist nicht zu jedem Zeitpunkt möglich. Achten Sie bei Ihren Recherchen auf Fristen, damit Sie nicht knapp einen Einstieg verpassen und dann ein Jahr oder länger warten müssen.

In manchen Landeskirchen beginnt der Dienst mit einer feierlichen Berufung nach Abschluss der Ausbildung, in anderen besteht gleich nach Aufnahme die Möglichkeit, Gottesdienste zu gestalten.

# VI. Frisch ans Wort!

Prädikanten, Laienpredigerinnen, Laïcs, Permanents Laïcs, Laien mit Predigterlaubnis, die Bezeichnungen sind vielfältig und auch die Rahmenbedingungen sind sehr verschieden. Doch all diese Personen eint, dass sie sich berufen fühlen, in den Gemeinden ihrer Kirchen die Frohe Botschaft zu verkünden. Sie alle bringen ihre verschiedensten Hintergründe und ihre Lebenserfahrung mit und schenken damit den Gemeinden viele weitere Perspektiven aufs Leben, auf den Glauben, auf die Texte der christlichen Tradition und ihre Bedeutung für heute.

Die Debatten um die Laienpredigt waren von jeher bestimmt von der Frage «Was dürfen sie?», anstatt darauf zu schauen, was sie besonders gut zum kirchlichen Leben beitragen können. Auch in den reformierten Kirchen der Schweiz sind die Kompetenzen, die Prädikant:innen eingeräumt werden, ganz verschieden zugeschnitten. In manchen Kantonalkirchen dürfen sie Gottesdienste feiern, die Sakramente verwalten, Kasualien begleiten, während in anderen Kantonen der Zuschnitt eher eng ist und geprägt von über die Zeit gewachsenen Ausnahmen.

Ebenso vielfältig ist in den Kantonalkirchen der Grad an Institutionalisierung und Verankerung dieses Amts, meist damit einhergehend auch die Bekanntheit des Prädikantendienstes. Es gibt Kirchen mit festen Ausbildungscurricula und entsprechendem Kursangebot und an anderen Orten befindet man sich noch ganz am Anfang bei der Etablierung eines Regelwerks und entsprechender Strukturen.

Viele Laienpredigende eint eine hohe Motivation. Immerhin investieren sie ihre Freizeit in Aus- und Weiterbildung sowie in den

## VI. Frisch ans Wort!

Dienst an Sonntagen und darüber hinaus. Ebenso eint viele Prädikantinnen und Prädikanten die Erfahrung von Zurückhaltung auf Seiten der Pfarrschaft gegenüber ihrem Dienst. Oft sind sie Projektionsfläche für eine Unzufriedenheit mit der sich wandelnden Rolle des Pfarramts und sie treffen auf Kompetenzgerangel und teils emotionale Abgrenzungs- bzw. Eingrenzungsversuche. Dem zum Trotz gibt es auch positive Beispiele von Gemeinden und Pfarrpersonen, die ihre aktiven Prädikant:innen über die zu vertretenden Sonntage hinaus ins Gemeindeleben einbinden, bei Planungen berücksichtigen, für das Feiern gemeinsamer Gottesdienste im Team anfragen, ihnen besondere Räume und Nischen lassen, in denen sie selbst ihren Begabungen entsprechend kreativ und tätig werden können.

Die Kirche ist im Wandel. Die Rolle des Pfarramts wird sich ebenfalls weiter wandeln. Wohin, dazu sollte es eine grosse und konstruktive Diskussion in den Kirchen geben. Die momentane Situation auf dem Stellenmarkt für Pfarrpersonen wird sich weiter verschärfen, wenn nicht neue Zugänge ins Pfarramt oder attraktivere Zugänge für Quereinstiege geschaffen werden als die bisherigen. Die Rolle von Prädikantinnen und Prädikanten wird in dieser Diskussion oft auf das Ausgleichen dieses Mangels an Pfarrpersonen reduziert. Es stimmt natürlich, dass es Laienpredigende in Zukunft noch mehr brauchen wird, um die Verkündigung in der Fläche zu gewährleisten, doch sollte in diesem Buch deutlich geworden sein, dass sich ihre Rolle und ihre Berufung nicht allein darauf beschränken. Sie sind nicht Lückenbüssende und Notnägel, sondern Verkündigende auf Augenhöhe, die mit ihrem Dienst das Gemeindeleben und das gemeinsame Unterwegssein im Glauben bereichern.

Gemeinden, in denen sie nicht als Aushilfen eingesetzt, sondern in einer auf Freiwilligenarbeit basierenden Dienstgemeinschaft über einzelne Sonntage hinaus mit Verantwortung betraut und in die Gestaltung von Gemeindeleben eingebunden werden, berich-

## VI. Frisch ans Wort!

ten von sehr positiven Erfahrungen. Da, wo sich eigene Gefässe bilden, die aus den Gaben und der Kreativität der Laienpredigenden heraus auf ein Bedürfnis in der jeweiligen Gemeinde antworten, dort kann Erstaunliches wachsen. Auf Seiten der Pfarrschaft wie auf Seiten der Laienpredigenden ist ein Konkurrenzdenken stets kontraproduktiv. Laienpredigende ersetzen Pfarrpersonen nicht. Sie arbeiten auf Freiwilligenbasis in Gemeinden mit und übernehmen auf Anfrage besondere Dienste, in denen sie andere Perspektiven als die der Theolog:innen und in der Kirche fest angestellten Pfarrpersonen einbringen. Sie verdrängen Pfarrpersonen nicht aus der Seelsorge, sondern sind ein weiteres Gesicht der Gemeinde und schenken den Kirchgemeinden zusätzliche Beziehungszeit zu ihren Mitgliedern durch Gespräche, Besuche, Trauerbegleitung und Trauvorbereitung. Prädikantinnen und Laienpredigende stehen nicht im angestellten Dienst und müssen daher keine Dienste annehmen. Sie wählen aus nach ihren Begabungen und ihrer Berufung. Pfarrpersonen werden dafür bezahlt, dass sie die Grundversorgung von Gottesdiensten, Kasualien und Seelsorge garantieren und für die Qualität dieser Dienste und für die in der Gemeinde tätigen Personen verantwortlich sind. Sie haben das Privileg, die Früchte ihres Studiums mit anderen Mitarbeitenden der Gemeinde teilen zu können und Prädikant:innen als Coach oder Mentor:in zu begleiten. Ein solches Tandem-Verhältnis als Verkündigende auf Augenhöhe, als kreative Dienstgemeinschaft, als Team, in dem die, welche mehr Ausbildung erfahren haben, die Früchte davon mit Freuden teilen und sich an der Entwicklung ihrer Partner:innen in der Verkündigung erfreuen, wäre ein wunderbares Zukunftsmodell für die ehrenamtliche Verkündigung, sei es als ins Ehrenamt ordinierte *Local Minister* oder als beauftragte Prädikant:innen.

Diese Buch hat versucht eine kleine Einführung in diesen Dienst zu geben und mit knappen historischen Überblicken, einer Zusammenfassung der gegenwärtigen Situation in der Schweiz, mit Gedanken zur Theologie, Bedeutung und zum Potenzial des Laien-

## VI. Frisch ans Wort!

predigtamts sowie mit ganz praktischen Tipps zur Gestaltung der Liturgie Lust und Freude auf diese Tätigkeit zu wecken – und hoffentlich auch etwas Mut. Frisch ans Wort! Der Weinberg braucht Mitarbeitende, die sich mit Herz und Verstand an die Arbeit machen.

# VII. Quellen und Literatur

## 1. Quellen

Bullinger, Heinrich: Das Zweite Helvetische Bekenntnis. Ins Deutsche übertragen von Walter Hildebrandt und Rudolf Zimmermann mit einer Darstellung von Entstehung und Geltung sowie einem Namen-Verzeichnis, 6. Aufl., Zürich 2017.

Calvin, Johannes: Unterricht in der christlichen Religion. Institutio Religionis Christianae, 3 Bde. (Bücher I–IV), übersetzt von Otto Weber, Neukirchen 1936.

Christkatholisches Gebet- und Gesangbuch, hg. v. Bischof und Synodalrat der Christkatholischen Kirche der Schweiz, Bd. 1, 2. Aufl., Basel 2006.

Evangelisch-Reformierte Landeskirche des Kantons Aargau: LPDV (372.100) Landeskirche des Kantons Aargau vom 16. April 2009 (Stand 1. Januar 2019), § 4: https://refag.tlex.ch/frontend/versions/150/download_pdf_file?locale=de [12.02.2024].

Evangelisch-Reformierte Kirche Basel-Landschaft: Kirchenordnung vom 7. September 2021 (zum 1. Januar 2022): https://refbl.ch/refbl-wAssets/docs/Kirchliche-Gesetzessammlung/04-Kirchenordnung/4.1-NEU-Kirchenordnung-ERK-BL-vom-07.09.2021.pdf [02.10.2023].

Evangelisch-Reformierte Kirche Basel-Landschaft: Reglement Laienpredigt und Aufgabendelegation (LAD) vom 26. Juni 2023: https://refbl.ch/refbl-wAssets/docs/Kirchliche-Gesetzessammlung/04-Kirchenordnung/4.9-Reglement-Laienpredigt-und-Aufgabendelegation.pdf [02.10.2023].

Evangelisch-Reformierte Landeskirche des Kantons Bern: Gemeinde- und Predigerordnung für die evangelisch-reformirte Kirche des Kantons Bern, Bern 1879, (Ausgabe der Stämpfli'schen Buchdruckerei).

Evangelisch-Reformierte Landeskirche des Kantons Bern: Kirchenordnung für die evangelisch-reformierte Kirche des Kantons Bern (vom

17. Dezember 1918), Langenthal 1919, Art. 54 (Ausgabe der Akzidenzdruckerei Gebr. Kuert).

Evangelisch-Reformierte Landeskirche des Kantons Bern: Verordnung über die Prädikantinnen und Prädikanten (Prädikantenverordnung) der Evangelisch-reformierten Landeskirche des Kantons Bern vom 12. Dezember 2013 (Stand 1. Januar 2020): https://m.refbejuso.ch/fileadmin/user_upload/Downloads/KES_KIS/4/42-010_Verordnung-Praedikantinnen-Praedikanten_200101.pdf [08.02.2022].

Evangelisch-Reformierte Landeskirche des Kantons St. Gallen: Kirchenordnung der evangelischen Kirche des Kantons St. Gallen [Ges.-Sammlung, N. F. Bd. 13], Nr. 36, 5. März/19. Mai 1922.

Evangelisch-Reformierte Landeskirche des Kantons St. Gallen: Kirchenordnung der evangelischen Kirche des Kantons St. Gallen vom 25. Juni 1922/3, Neudruck im Februar 1975, 175.11, St. Gallen 1975.

Evangelisch-Reformierte Landeskirche des Kantons Thurgau: Kirchenordnung der Evangelischen Landeskirche des Kantons Thurgau vom 17. Februar 2014 (Stand 1. Dezember 2014): www.evang-tg.ch/fileadmin/user_upload/downloads/Gesetze_und_Verordnungen/05_Kirchenverfassung_Kirchenordnung_5.2.pdf [08.02.2022].

Evangelisch-Reformierte Landeskirche des Kantons Thurgau: Kirchenordnung der Evangelischen Landeskirche des Kantons Thurgau vom 20. Februar 1978 (Stand 1. April 1979), 187.12: www.rechtsbuch.tg.ch/app/de/texts_of_law/187.12/versions/465 [16.05.2022].

Fischer, Mario / Friedrich, Martin (Hg.), Amt, Ordination, Episkopé und theologische Ausbildung. Ministry, ordination, episcopé and theological education [Leuenberger Texte Nr. 13], 2. erw. Aufl., Leipzig 2020: www.eva-leipzig.de/dl.php?id=5046&dl=383 [04.10.2023].

Friedberg, Emil: Corpus Iuris Canonici, I: Decretum Magistri Gratiani, II: Decretalium Collectiones, Leipzig 1879–81, Nachdruck Graz 1955.

Liturgie- und Gesangbuchkonferenz der evangelisch-reformierten Kirchen der deutschsprachigen Schweiz (Hg.): Liturgie. Taschenausgabe, Zürich 2011.

The Book of Common Prayer and Administration of the Sacraments and other Rites and Ceremonies of the Church according to the use of The Church of England together with the Psalter or Psalms of David pointed as they are to be sung or said in Churches and the form or manner of making, ordaining and consecrating of Bishops, Priests and Deacons, Cambridge 2004 (Neudruck in 2013).

## 2. Literatur

Althaus, Rüdiger: Die Rezeption des Codex Iuris Canonici von 1983 in der Bundesrepublik Deutschland unter besonderer Berücksichtigung der Voten der Gemeinsamen Synode der Bistümer in der Bundesrepublik Deutschland [PaThSt Bd. 28], Paderborn 2000.

Arnold, Jochen: Was geschieht im Gottesdienst? Zur theologischen Bedeutung des Gottesdienstes und seiner Formen, Göttingen 2010.

Asmussen, Hans: Das Priestertum aller Gläubigen, Stuttgart 1946.

Barth, Hans-Martin: Einander Priester sein. Allgemeines Priestertum in ökumenischer Perspektive [Kirche und Konfession Bd. 29], Göttingen 1990.

Beese, Dieter / Kurschus, Annette: Der Pfarrdienst in der Dienstgemeinschaft der Kirche, Bielefeld 2018.

Bieritz, Karl-Heinrich: Das Kirchenjahr. Feste, Gedenk- und Feiertage in Geschichte und Gegenwart, neu bearb. und erweitert v. Christian Albrecht, 9. Aufl., München 2014.

Bieritz, Karl-Heinrich: Die Ordnung der Lese- und Predigtperikopen in den deutschen evangelischen Landeskirchen, in: Liturgisches Jahrbuch 41/2 (1991), 119–132.

Bohren, Rudolf: Laienfrage und Predigt, in: Studientage für die Pfarrer, Heft 5, Eine Sammlung von Vorträgen hg. v. Synodalrat der Evangelisch-reformierten Landeskirche des Kantons Bern, Bern/Stuttgart 1966.

Brunotte, Heinz: Das Amt der Verkündigung und das Priestertum aller Gläubigen, in: Bekenntnis und Kirchenverfassung. Aufsätze zur kirchlichen Zeitgeschichte 3, Göttingen 1977, 210–239.

Charbonnier, Lars / Merzyn, Konrad / Meyer, Peter (Hg.): Homiletik. Aktuelle Konzepte und ihre Umsetzung [elementar: Arbeitsfelder im Pfarramt], Göttingen/Bristol CT 2012.

Congar, Yves: Der Laie. Entwurf einer Theologie des Laientums, 3. Aufl., Stuttgart 1964.

## VII. Quellen und Literatur

Deeg, Alexander/Nicol, Martin: Im Wechselschritt zur Kanzel. Praxisbuch Dramaturgische Homiletik, 2. überarbeitete Neuaufl., Göttingen 2013 (2005).

Deeg, Alexander/Plüss, David: Liturgik [Lehrbuch Praktische Theologie Bd. 5], Gütersloh/München 2021.

Deeg, Alexander: How to celebrate God with words? Fragestellungen zur Sprache im Gottesdienst, in: Kusmierz, Katrin/Plüss, David/Berlis, Angela (Hg.): Sagt doch einfach, was Sache ist! Sprache im Gottesdienst, Zürich 2022, 75–89.

Dietz, Walter: Stellungnahme zum Thesenpapier Ulrich Körtners «Kirchenleitung und Episkopé», in: Kerygma und Dogma 52 (2006), 63–71.

Dinkel, Christoph: Was nützt der Gottesdienst? Eine funktionale Theorie des evangelischen Gottesdienstes [Praktische Theologie und Kultur Bd. 2], Gütersloh 2000.

Engemann, Wilfried: Einführung in die Homiletik, 2. vollständig überarbeitete und erweiterte Aufl. [UTB 2128], Tübingen/Basel 2011 (2002).

Feddersen, Jan/Gessler, Philipp: Phrase Unser. Die blutleere Sprache der Kirche, München 2020.

Foitzik, Karl: Mitarbeit in Kirche und Gemeinde. Grundlagen, Didaktik, Arbeitsfelder, Stuttgart 1998.

Fuhrmann, Georg: Grenzgänger. Lektoren im Dienst der Verkündigung, Hannover 1987.

Grethlein, Christian: Pfarrer – ein theologischer Beruf, Frankfurt a. M. 2009.

Grethlein, Christian: Praktisch-theologische Anmerkungen zu Ulrich Körtners Überlegungen, in: Kerygma und Dogma 52 (2006), 72–75.

Grözinger, Albrecht: Homiletik. Lehrbuch Praktische Theologie Bd. 2, Gütersloh/München 2008.

Hallermann, Heribert: «... dass nur öffentlich predige, wer gesandt ist.» Kanonistische Nachfragen und Perspektiven zum Verbot der «Laienpredigt» [KStKR 26], Paderborn 2017.

Hofmann, Beate: Die Bedeutung kirchlicher und theologischer Arbeit stärken, in: Der Pfarrdienst in der Dienstgemeinschaft der Kirche, hg. v. Beese, Dieter/Kurschus, Annette, Bielefeld 2018, 133–138.

Kabel, Thomas: Übungsbuch Liturgische Präsenz, Gütersloh 2011.

Karle, Isolde: Der Pfarrberuf als Profession. Eine Berufstheorie im Kontext der modernen Gesellschaft, Diss. [Praktische Theologie und Kultur 3], 2. Aufl., Gütersloh 2001.

## 2. Literatur

Kirchenamt der EKD (Hg.): Kirche der Freiheit. Perspektiven für die evangelische Kirche im 21. Jahrhundert. Ein Impulspapier des Rates der EKD, Hannover 2006.

Klueting, Harm: Öffentliche Wortverkündigung und Sakramentsverwaltung im Ehrenamt. Laienprediger – Prädikanten – Predigthelfer – Ältestenprediger – Lektoren in den Gliedkirchen der EKD, Stuttgart 2002.

Knieling, Rainer: Amtsverständnis und Verlustängste. Ein Beitrag zu den Unterströmungen in der Ordinationsdebatte, in: DtPfBl 107 (2007), 6–8.

Körtner, Ulrich H. J.: Kirchenleitung und Episkopé. Funktionen und Formen der Episkopé im Rahmen der presbyterial-synodalen Ordnung evangelischer Kirchen, in: Kerygma und Dogma 52 (2006), 2–24.

Krauter, Stefan / Wüthrich, Matthias D. (Hg.): Ordination. Grundfragen und Impulse aus reformierter Tradition [Praktische Theologie im reformierten Kontext Bd. 18], Zürich 2023.

Kunz, Ralph: Zur Notwendigkeit einer Theologie des Laientums und zu den Chancen und Stolpersteinen der gemeinsamen Verantwortung in Gemeinde und Kirche, in: ders. / Zeindler, Matthias (Hg.): Alle sind gefragt. Das Priestertum aller Gläubigen heute [denkMal Bd. 9], Zürich 2018, 31–52.

Kusmierz, Katrin / Plüss, David / Berlis, Angela (Hg.): Sagt doch einfach, was Sache ist! Sprache im Gottesdienst, Zürich 2022.

Lexikon für Theologie und Kirche (LThK), Bd. 6, 2. Aufl., Freiburg 1961.

Lutherisches Kirchenamt der VELKD (Hg.): «Ordnungsgemäß berufen». Eine Empfehlung der Bischofskonferenz der VELKD zur Berufung zu Wortverkündigung und Sakramentsverwaltung nach evangelischem Vorbild, Hannover 2006.

Marquard, Rainer: Der Lektoren- und Prädikantendienst unter veränderter ‹religiöser Straßenverkehrsordnung›, in: DtPfBl 6 (2000), 307–309.

Marquard, Reiner: Glauben leben, Kirche gestalten, Gottesdienst feiern. Ein theologischer Leitfaden für das Ehrenamt, Stuttgart 2004.

Marti, Andreas: Singen – Feiern – Glauben. Hymnologisches, Liturgisches und Theologisches zum Gesangbuch der Evangelisch-reformierten Kirchen der deutschsprachigen Schweiz, Basel 2001.

Meyer-Blanck, Michael: Gottesdienstlehre. 2. durchgesehene und korrigierte Aufl., Tübingen 2020.

Nicol, Martin: Einander ins Bild setzen. Dramaturgische Homiletik, 2. durchgesehene und überarbeitete Aufl., Göttingen 2005 (2002).

Plüss, David u. a. (Hg.): Gottesdienst in der reformierten Kirche. Einführung und Perspektiven [Praktische Theologie im reformierten Kontext Bd. 15], Zürich 2017.

Plüss, David: ‹Simple, fresh, relevant, not too doctrinal in tone or unreal in expression›. Kriterien liturgischer Sprache, in: Kusmierz, Katrin/ders./Berlis, Angela (Hg.): Sagt doch einfach, was Sache ist! Sprache im Gottesdienst, Zürich 2022, 21–34.

Plüss, David: Allgemeines Priestertum und Amt, in: ders. u. a. (Hg.): Gottesdienst in der reformierten Kirche, Einführung und Perspektiven [Praktische Theologie im reformierten Kontext Bd. 15], Zürich 2017, 145–161.

Plüss, David: Distanzierte Kirchenmitglieder und das Priestertum aller Gläubigen. Religionssoziologische und theologische Erwägungen, in: Kunz, Ralph/Zeindler, Matthias (Hg.): Alle sind gefragt. Das Priestertum aller Gläubigen heute [denkMal Bd. 9], Zürich 2018, 99–110.

Plüss, David: Predigtgottesdienst, in: ders. u. a. (Hg.): Gottesdienst in der reformierten Kirche, Einführung und Perspektiven [Praktische Theologie im reformierten Kontext Bd. 15], Zürich 2017, 193–223.

Rebert, Christian: Perspektiven für ehren- und nebenamtliche Verkündigung. Versuch der Vermessung eines verminten Geländes, in: PTh 110/4 (2021), 168–190.

Reformierte und Katholische Gesangbuchvereine Schweiz (Hg.): Ökumenischer Liederkommentar zum Katholischen, Reformierten und Christkatholischen Gesangbuch der Schweiz, Basel/Freiburg/Zürich 2001–2009.

Sautter, Jens Martin: Keine Angst vor Ehrenamtlichen. Prädikantinnen und Prädikanten in der Kirche der Zukunft – ein Blick auf die Church of England, in: Pastoraltheologie 105 (2016), 283–301.

Schneider, Nikolaus/Lehnert, Volker A.: Berufen – wozu?, 2. Aufl., Neukirchen-Vluyn 2011.

Schütz, Marcel: Miteinander wirken. Perspektiven zum Pfarr-, Lektoren- und Prädikantendienst in dienstgemeinschaftlicher Verhältnisbestimmung, in: DtPfBl 9 (2006), 471–474.

Stein, Albert: Evangelische Laienpredigt. Ihre Geschichte, ihre Ordnung im Kirchenkampf und ihre gegenwärtige Bedeutung [Arbeiten zur Geschichte des Kirchenkampfes Bd. 27], Göttingen 1972.

Stephany, André: Das reformierte Ausgleichsventil zu liturgisch (eigentlich) Schönem. Der ‹promenadologische Einzug›: http://liturgikblog.unibe.

ch/index.php/2022/06/15/das-reformierte-ausgleichsventil-zu-liturgisch-eigentlich-schoenem-der-promenadologische-einzug/ [26.08.2022].

Stephany, André: Ich bin eher der Blumenstrausstyp. Lückenbüsserinnen oder Verkündigende auf Augenhöhe?, in: Ensemble 66/08 (2022), 16–17.

Stephany, André: My Dishwasher Theology. The Big Questions of Christian Faith, Eugene OR 2021.

Stephany, André: Neue Mode auf dem reformierten Laufsteg. Das Kollarhemd ist in: http://liturgikblog.unibe.ch/index.php/2023/05/17/neue-mode-auf-dem-reformierten-laufsteg-das-kollarhemd-ist-in/ [08.11.2023].

Todjeras, Patrick: Von der Urlaubsvertretung zum theologischen Schlüssel-Dienst in der lokalen Gemeinde. Prädikant:innen in Kirchenentwicklungsprozessen, in: PTh 112 (2023), 97–118.

Wenz, Gunther: Magno dissensu docent?, in: Kerygma und Dogma 52 (2006), 58–62.

Wenz, Gunther: Rite vocatus/a. Zu einer Empfehlung der Bischofskonferenz der VELKD, in: DtPfBl 105/2 (2005), 59–64.

Wilckens, Ulrich: Kirchliches Amt und gemeinsames Priestertum aller Getauften im Blick auf die Kirchenverfassungen der Lutherischen Kirchen, in: Kerygma und Dogma 52 (2006), 25–57.

Wüthrich, Matthias: Ordination in reformierter Perspektive. Hg. v. Schweizerischer Evangelischer Kirchenbund SEK, SEK Position 10, Bern 2007.

Zeindler, Matthias: Ekklesiologie des reformierten Gottesdienstes, in: Plüss, David u. a. (Hg.): Gottesdienst in der reformierten Kirche, Einführung und Perspektiven [Praktische Theologie im reformierten Kontext Bd. 15], Zürich 2017, 117–130.

Zerfaß, Rolf: Der Streit um die Laienpredigt. Eine pastoralgeschichtliche Untersuchung zum Verständnis des Predigtamtes und zu seiner Entwicklung im 12. und 13. Jahrhundert [UPT 2], Freiburg 1974.

# VIII. Leseempfehlungen und nützliche Links

## 1. Leseempfehlungen

### 1.1 Zur Predigt

Deeg, Alexander/Nicol, Martin: Im Wechselschritt zur Kanzel. Praxisbuch Dramaturgische Homiletik, 2. überarbeitete Neuaufl., Göttingen 2013 (2005).

Feddersen, Jan/Gessler, Philipp: Phrase Unser. Die blutleere Sprache der Kirche, München 2020.

Flügge, Erik: Der Jargon der Betroffenheit. Wie die Kirche an ihrer Sprache verreckt, 3. Aufl., München 2016.

Herbst, Michael/Schneider, Matthias: … wir predigen nicht uns selbst. Ein Arbeitsbuch für Predigt und Gottesdienst, 4. Aufl., Neukirchen-Vluyn 2012.

Janssen, Heinz: Gottes Wort und Menschenwort, Saarbrücken 2012.

Nicol, Martin: Einander ins Bild setzen. Dramaturgische Homiletik, 2. durchgesehene und überarbeitete Aufl., Göttingen 2005 (2002).

Plote, Ursula/Tholen, Ivonne: Für den Augenblick. Gottesdienste mit Demenzkranken und ihren Angehörigen, Göttingen 2011.

Pohl-Patalong, Uta: Bibliolog. Gemeinsam die Bibel entdecken im Gottesdienst – in der Gemeinde – in der Schule, 2. akt. Aufl., Stuttgart 2007.

Pyka, Holger: Spiel mit dem Wort! Kreatives Schreiben für Predigt und Preacher-Slam, Göttingen 2019.

### 1.2 Material zum Gottesdienst

Kabel, Thomas: Übungsbuch Liturgische Präsenz. Gütersloh 2011.

Kirchenamt der EKD (Hg.): Der Gottesdienst. Eine Orientierungshilfe zu Verständnis und Praxis des Gottesdienstes in der evangelischen Kirche,

Gütersloh 2009. Auch online unter www.ekd.de/ekd_de/ds_doc/gottesdienst.pdf [05.05.2023].

Kirchenamt der EKD (Hg.): Die Taufe. Eine Orientierungshilfe zu Verständnis und Praxis der Taufe in der evangelischen Kirche, Gütersloh 2008.

Liturgische Konferenz (Hg.): Neues Evangelisches Pastorale. Texte, Gebete und kleine liturgische Formen für die Seelsorge, 5. Aufl., Gütersloh/München 2014.

Marti, Andreas: Singen – Feiern – Glauben. Hymnologisches, Liturgisches und Theologisches zum Gesangbuch der Evangelisch-reformierten Kirchen der deutschsprachigen Schweiz, Basel 2001.

Meyer-Blanck, Michael: Gottesdienstlehre, 2. durchgesehene und korrigierte Aufl., Tübingen 2020.

## 2. Nützliche Links

### 2.1 Materialien zum Gottesdienst

Aargau: Arbeitshilfe zur Gottesdienstgestaltung: www.ref-ag.ch/gottesdienst-und-musik/laienprediger-laienpredigerin/arbeitshilfe-zur-gottesdienstgestaltung

Das Abendmahl in evangelischer Perspektive, hg. v. EKS (damals SEK), 3. Aufl., 2010: www.evref.ch/wp-content/uploads/2019/10/04_Das-Abendmahl-evangelische-Perspektive.pdf [05.05.2023]

Gebete für jeden Sonntag: www.liturgischer-wegweiser.de/

Kirchenjahr evangelisch (auch als App bei GooglePlay): www.kirchenjahr-evangelisch.de

Kirchenjahr: www.daskirchenjahr.de

Reformierter Gottesdienst. Hilfreiche Tipps und Werkzeuge für die Gestaltung von Gottesdiensten: www.gottesdienst-ref.ch

SongTool: Liedersuche für das Reformierte Gesangbuch: www.gottesdienst-ref.ch/musik/rg/songtool

Texte zu Gottesdiensten im Kirchenjahr: www.evangelische-liturgie.de

Überlegungen und Empfehlungen des Rates zum Abendmahl (EKS, damals SEK): www.evref.ch/wp-content/uploads/2019/10/04_Zusammenfassung_Abendmahl_d.pdf

Vereinigte Evangelisch-Lutherische Kirche Deutschlands: www.velkd.de

## 2.2 Predigen
Göttinger Predigten im Internet: www.theologie.uzh.ch/predigten/
Heidelberger Predigtforum: https://predigtforum.de/
Lesepredigten: Er ist unser Friede. Evangelische Verlagsanstalt Leipzig: www.eva.leipzig.de
Pastoralblätter vom Herderverlag: www.herder.de/pb/

## 2.3 Laienpredigt in der Schweiz
Aargau: Laienpredigende: www.ref-ag.ch/gottesdienst-und-musik/laienprediger-laienpredigerin/laienprediger-werden
Ausbildung RefModula: www.refmodula.ch/refmodula-fuer/praedikantinnen-praedikanten
Gesamte Schweiz (unvollständig): www.praedikantendienst.ch/
Basel-Land: Ausbildung ab 2024: www.gender-bildung.ch/angebote/bildung
Graubünden: Laienpredigende: https://gr-ref.ch/service-kontakte/kirche-praktisch/gottesdienst-und-seelsorge
Graubünden: Theologiekurs: www.theologiekurs-graubuenden.ch/
RefBeJuSo: Prädikantendienst: www.refbejuso.ch/inhalte/gottesdienst/praedikantendienst
Schaffhausen: www.ref-sh.ch/bericht/5680
St. Gallen: Prädikantinnen und Prädikanten: www.ref-sg.ch/praedikantinnen-und-praedikanten.html
Thurgau: www.evang-tg.ch/landeskirche/angebote/tecum-impulse-fuer-die-gemeindepraxis/laienpredigtdienst.html